野菜作り「コツ」の科学

「なぜ」がわかると「結果」が出せる

佐倉朗夫

（明治大学黒川農場特任教授）

講談社

コツがわかると、味と収量に差が出ます

野菜作りは楽しみがいっぱい

野菜作りには、野菜の育つ姿に癒されたり、適度な力仕事で心地よい汗をかいたり、毎回新たな発見があるなど、多くの楽しみがあります。そして何といっても一番の楽しみは、採りたての新鮮な野菜が食べられることです。

ただし、おいしい野菜にするには、野菜栽培の基本を守ることと、野菜ごとの育て方＝コツが必要です。野菜は先人の努力により、種類ごとに科学的、合理的な栽培方法が探究されています。理屈がわかればコツが理解でき、だれでも野菜作り名人になれる可能性があります。さらに、自分で育てるのなら、安全安心で自然環境に配慮した野菜を目指しましょう。

野菜は種類ごとに数株以上の集団で栽培しますが、一つひとつ同じようには育ちません。また、菜園には野菜だけでなく、いろいろな生き物

がいて、それらは互いに影響し合っています。目には見えませんが、土の中では植物の根や微生物の菌糸などが、ネットワーク状につながっています。このような土壌中のネットワークが植物を育てる力となり、育とうとする植物の力を引き出し、植物は自然に育って行きます。

一方、地上部では、昆虫を始めとするさまざまな虫が植物に集まります。花粉を運び受粉を助け、肉食の虫は植物につく草食の虫を食べてくれます。これらも雑草や野菜の間を動き(飛び)まわる軌跡が、植物をノード(node＝中心点)とするネットワークのようにも見えます。このような地下部と地上部に作られるつながりによって、炭素やチッソなどの栄養分が循環し、その中で植物は生体の維持、種族の存続・発展のために生存しています。このように育つ野菜は健康であり、病害虫に負けることも少なく、栽培の成果も上がるので、楽しさは倍増します。

自然の営みに向き合うのですから、多少のむずかしさもあり、多少時間がかかるかもしれません。しかし、それを楽しめるのが、家庭菜園の野菜作りの魅力です。

佐倉朗夫

「野菜作りの最大のコツ」
は、裸地にしないことです。

野菜作りの流れ

野菜の栽培は、基本が大切です。畑作りから始まり、タネまきや苗の植えつけから収穫までには、さまざまな作業があります。何もしなくても植物は勝手に育ちますが、適期に適切な作業をすることで、よりおいしく、より多く収穫できます。

畑を整える

土作りが大切です。よい土にすると、よい野菜が育ちます。毎年土壌改良しましょう。

1

畑を耕す

ひと鍬《くわ》分、畑を耕します。必要な元肥や堆肥をすき込みます。
→P.048

2

畝《うね》作り

畝を作ることで、野菜が育ちやすくなります。
→P.052

畑でタネから育てる～コカブの例

タネまきは栽培の基本です。一度にたくさんの収穫が可能です。
※作業の内容、順序、回数は、野菜の種類や成長具合により異なります。

1

タネまき

野菜ごとに適したタネまきの方法があります。
→P.056

2

間引き

競わせ、間引くことで、育ちがよくなります。
→P.074

3

土寄せ

地味ですが、重要な作業です。
→P.082

4

中耕

ひと手間入れることで、その後の成長がよくなります。
→P.081

5

間引き収穫

カブや葉菜類はある程度育っていれば、そのまま収穫物になります。
→P.087

6

収穫

丁寧に収穫します。
→P.087

7

片づけ・土壌改良

残渣《ざんさ》(収穫後に残った葉や茎、根など)を処理し、土壌改良して次の栽培に備えます。
→P.102

【畑で苗から育てる～トマトの例】

大型の野菜や苗作りに手間がかかる野菜は、苗からスタートします。
※作業の内容、順序、回数は、野菜の種類や成長具合により異なります。

1 苗を植える

よい苗を選んで、適期に植えます。
→P.066

2 支柱を立てる

支柱により効率よく作物が育てられます。
→P.084

3 誘引《ゆういん》する

枝やつるを固定し、成長を助けます。
→P.081

芽かきをする

養分を主枝に集中させます。
→P.081

4

藁《わら》を敷く・米ぬかをまく

野菜の健全な成長を助けます。
→P.080

5

人工授粉をする

結実しやすくなるように、受粉を助けます。
→P.086

6

トマトの場合は、花を軽くたたいて揺らします。

7

摘果《てきか》する

養分を集中させます。
→P.081

8

収穫する

適期に収穫し、楽しみましょう。
→P.087

9

摘心《てきしん》する

先端を切り戻して上部への成長を止めます。
→P.081

10

追肥《ついひ》・中耕する

肥料を足し、中耕で土に新鮮な空気を送ります。
→P.079、P.081

11

下葉を取る

病害虫の二次感染源を取り除き、風通しをよくします。
→P.081

12

収穫する

採りたてが一番おいしいですが、追熟でおいしくなる野菜もあります。
→P.087

13

片づけ

残渣を処理し、土壌改良して次の栽培に備えます。
→P.102

コンテナで育てる～コマツナの例

コンテナ栽培で、地面のないところでも
野菜栽培を楽しみましょう。
※作業の内容、順序、回数は、
野菜の種類や成長具合により異なります。

1 準備

コンテナ、培養土、タネか苗など必要なものをそろえます。
→P.040

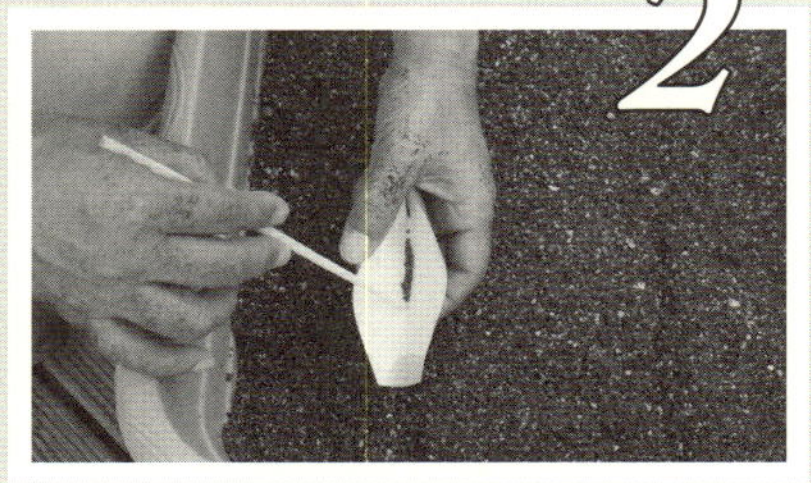

2 タネまき・苗の植えつけ

畑での栽培と基本は同じです。
→P.056、P.066

3 水やり

日々の水やりに気をつけます。
→P.068

間引きと土寄せ

大切な基本作業で、セットで行います。
→P.074

4

防除する

寒冷紗《かんれいしゃ》などでコンテナ全体を覆い、害虫の飛来を防ぎます。
→P.098

5

6 収穫

適期に収穫します。
→P.087

7 片づけとリサイクル

次の野菜栽培に備え、土の再利用も考えます。
→P.050

Contents

野菜作り「コツ」の科学

Chapter 2

野菜作りの準備と基本　35

Chapter 3 種類別 野菜作りのポイント 105

◇本書をお読みになる前に
本書に掲載された栽培情報などは、関東の平野部での栽培を想定しています。また、本書に掲載されている内容は、2018年6月末現在のものです。

Chapter 1

野菜のことを知ろう

野菜を作り慣れている人でも、
意外と野菜のことを知らないものです。
育てる前に、野菜について知っておきましょう。

Q. 野菜とは、何ですか?

A. 主に、食べるための「草本植物」のことです

野菜とは「食用とする草本の総称、あおもの」（広辞苑）。「柔らかくて水けが多く、新鮮な状態で副食に利用される草本植物のこと」（鈴木芳夫ほか『野菜栽培の基礎』）などと説明されます。**野菜は食べるために定着した草本植物の総称で、野生植物が作物化されたものです。**

江戸時代の農業書である「農業全書」には、食用の農産物として、「穀」「菜」「菓」の字が当てられています。「菜」が野菜であり、「草」の水草、野草、山草は別になっています。つまり、厳密には「畑で作った食品となる草本植物」が野菜です。さらに「穀」（穀物のことで、イネ、コムギ、トウモロコシなど）と区別するのであれば、「……草本植物の根、茎、葉、花、果実などの部分で、生食あるいは調理により利用されるもの」ということになります。

収穫した野菜のいろいろ

家庭菜園では、多品目に挑戦したい。

Q. 野菜は全部で何種類あるのですか?

A. 世界中で利用されている野菜は、800種以上です

『園芸学用語集・作物名編―園芸学会編―』(養賢堂、2005年)の野菜名には、キノコ類を除き約260種が載っています。ただ、『野菜栽培の基礎』(鈴木芳夫ほか、農山漁村文化協会、2000年)によると、**全世界で利用されている野菜は、800種以上とされています。**

現在、日本の市場に出荷されている野菜の種類は約百数十種あります。これらには、料理の主体となるものだけでなく、ハーブ類や芽もの、香辛野菜(香りや辛みを加える野菜)など、料理の味を引き立て、食卓を豊かにする素材も含まれます。これら百数十種もの野菜のほとんどは、海外で作物化されたのちに日本に渡ってきた渡来種で、渡来後にさらに発達して、多くの品種に分化しています。**日本に自生していた、「日本原産の野菜」**は、アサツキ、ウド、サンショウ、セリ、フキ、ミツバ、ミョウガ、**ヤマノイモ、ユリ、ワサビなど十数種類**といわれ、そのなかには現代の主要野菜はありません。

なお、農林水産省は、主要野菜のなかでも、特に消費量が多く、その流通量や価格が国民の生活に大きな影響を与えると考えられるものを指定して、安定的に供給できるような施策を講じています。指定された野菜は、キュウリ、キャベツ、サトイモ、ダイコン、タマネギ、トマト、ナス、ニンジン、ネギ、ハクサイ、ピーマン、ジャガイモ、ホウレンソウ、レタスの14品目で、「指定野菜」と呼ばれています。

世界には、日本人の見たことのない野菜がまだまだあるのです。

Q. 野菜はどのように分類されるのですか？

A. 植物分類は「草本植物」ですが、生産や栽培、流通で分類が異なります

多くの野菜は、植物分類では「草本植物」です。植物学上の分類法では、主に花の構造を中心に共通している種類をグループ化します。その最小単位を種《しゅ》といい、属・科・目・綱・門と順々に大きくグループ化しています（最近ではゲノム解析から分類体系を構築する新しい分類手法もあります）。科が同じ場合、病害虫が共通することや、生理や生態などの栽培にかかわる性質が似ていることが多く、栽培技術の研究や開発では、野菜が属する科をもとに分類することが一般的です。

ただ、**「野菜」は植物学上での分類する言葉ではなく、利用や生産・栽培の場面で用いられる言葉です。**利用や利用のための流通の場面では、食用にする部分での分類が一般的です。具体的には、地上部の葉・茎・花・蕾を利用するものを「葉茎菜類」、果実を利用するものを「果菜類」、地下部の根や地下茎を利用するものを「根菜類」といい、この3つの分類が基本です。

ただし、取り扱う野菜の種類が全国で最も多彩な東京都中央卸売市場では、果菜類のなかのソラマメ、エダマメなどを「豆科野菜類」に、根菜類のなかのサツマイモ、サトイモ、ナガイモなどを「土物類」に、葉茎菜類のなかのワサビ、オオバ、ハーブ類などを「香辛つま物類」に便宜的に分類しています。農林水産省の市場統計では豆類と土物類は東京卸売市場と同じですが、葉茎菜類のなかのセルリー（セロリ）、ブロッコリー、カリフラワーなどを「洋菜類」に分けて分類しています。

野菜なのか果実なのか見方が分かれるのが、イチゴ、

野菜の分類

香辛つま物類
バジルなど

豆科野菜類
エンドウなど

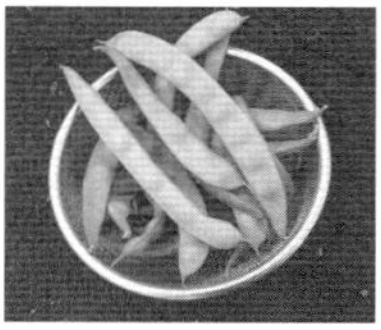

根菜類 ダイコンなど

葉茎菜類 ミズナなど

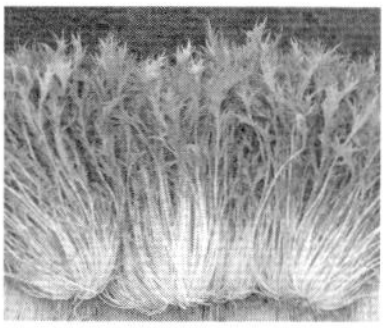

イチゴ、スイカ、メロンが野菜か果物かは、場面や目的により変わる。

洋菜類
カリフラワーなど

果菜類 ナスなど

土物類 サツマイモなど

メロン、スイカです。園芸学では野菜として扱い、農林水産省の生産・農業経営に関する統計でも野菜に分類されています。しかし、卸売市場や市場統計では果実に分類されています。では、野菜と果物の違いとは何なのでしょうか。

　野菜は、1年ごとに種子や苗を植えて栽培を開始して収穫する1年生の草本植物です。一方、果実は、樹木になる果実を数年にわたり収穫する永年性の木本植物です。したがって、園芸学や野菜栽培学上では1年生の草本植物であるメロンやスイカは野菜ですが、食べる用途としては果物であるため、市場や店舗では果物として扱われるのです。バラ科の多年草の草本植物であるイチゴは、毎年苗を育てて植えることから栽培が始まるので、園芸学や野菜栽培学では野菜として扱いますが、市場や店舗では果物になります。このように、野菜は場面によって目的に応じた分類が行われています。

　なお、アボガド、青いパパイヤは、サラダや料理に使われるので、野菜と思われがちですが、木本植物なので、果物といえます。

Q. 野菜の生き残り戦略は、どのようなものでしょうか？

A. 動物に食べられることで、遺伝子が後世に伝えられます

私たちが食料として食べているのは、それぞれの野菜（草本植物）が次世代に遺伝子をつなぐための「栄養分の貯蔵部位」です。

生物は次世代をより多く残して、「種族《しゅ》」の繁栄の方向に生命を全うしようとしています。多くの草本植物の繁栄の戦略は、花を咲かせてタネをつけ、それを拡散することです。こうした繁栄方法を「種子繁殖」といいます。拡散の方法には、動物に食べてもらうなど動物に頼る方法、動物に頼らずにはじけて飛ばしたり風や水に運ばせたりする方法があります。

実を動物に食べてもらう必要がある野菜は、実を発達させます。これが、果菜類に分類される実を食べる野菜です。一方、動物に頼らない種子散布方法を確立している植物は、充実したタネを実らせるための養分、タネをはじかせて飛ばすエネルギーのための養分が必要になります。その養分を根に蓄えているのが、根菜類です。実を食べる野菜と根を食べる野菜があるのは、**種《しゅ》の繁栄のためにどこに栄養分を貯蔵するのかによって、食べる部位が変わってくるからです。**

果実は成熟すると赤や黄色などの目立つ色になるものが多くありますが、これも動物に食べられることと無関係ではないでしょう。動物が食べごろと判断する色づきは、果実のなかのタネが成熟したということです。

ダイコンなどの根菜類では、根の養分がタネの発生や成熟に使われる前に収穫するので、タネができません。野菜にとってはタネの拡散につながりませんが、栽培と

野菜の効果

栄養	効果	この栄養を多く含む野菜
カロテン	体内で不足したビタミンAを補う。ビタミンAは目や皮膚を健康に保ち、抗酸化作用もある。	シソ、モロヘイヤ、ニンジン、パセリ、シュンギク
ビタミンB_1	糖質をエネルギーに変える働きがある。疲労回復などの効果がある。	ラッカセイ、グリーンピース、エダマメ、ソラマメ、ニンニク
ビタミンB_2	資質の代謝を促進する。欠乏すると倦怠感やイライラの原因になる。	モロヘイヤ、トウガラシ、シソ、ナバナ、カラシナ
ビタミンC	しみ、そばかすをおさえ、皮膚や血管の生成を助ける。	赤ピーマン、芽キャベツ、黄ピーマン、パセリ、ブロッコリー
ビタミンE	動脈硬化や老化をおさえ、血液の流れをよくし、ホルモンの分泌を助ける。	ラッカセイ、エダマメ、トウガラシ、モロヘイヤ、西洋カボチャ
食物繊維	腸内フローラを整え、生活習慣病の予防、肥満予防、コレステロール値の低減などの効果がある。	ラッキョウ、グリーンピース、シソ、パセリ、モロヘイヤ
カルシウム	骨や歯の形成を助け、精神を安定させる。	パセリ、モロヘイヤ、シソ、コマツナ、ツルムラサキ
鉄	酸素を運ぶヘモグロビンを構成し、エネルギーの生産に役立つ。	パセリ、コマツナ、エダマメ、ソラマメ、ホウレンソウ

いう人為的行為が、タネの存続や拡散を行っているともいえます。

実を食べる野菜の果実と、根を食べる野菜の根部がもつ成分も、それぞれに特徴があります。大きく分けると、**果実を食べる果菜類はビタミンやミネラルが多く、根を食べる根菜類には糖質などの炭水化物が多く含まれています。**

また、トマトの赤い色はリコピン、緑のピーマンはクロロフィル、赤ピーマンはカプサンチンといった色素をもっていて、過剰な酸素や紫外線から大事なタネを守る働きを担っています。根菜であっても色がついているものがあり、ニンジンの赤色はリコピン、黄色はβカロテン、赤カブはアントシアン（紫色）などの色素をもっています。果実でない根菜の根部が色素をもつのは、タネを育てる大切な炭水化物を酸化させないためだと考えられています。

葉菜類は、葉が食用となることで人間が栽培し、種《しゅ》が後世に伝えられています。

Q. 生で食べられる野菜と食べられない野菜に違いはありますか？

A. 野菜の栄養素を、人間が消化できるかどうかで決まります

日本では多くの野菜が生食されますが、サラダが一般的になったのは第二次世界大戦後といわれています。背景には衛生的な面もありますが、**野菜の品種改良によって生で食べられる野菜が増えたためと考えられます。**

ただ、**人間の消化能力では生で食べられない野菜もあります。そのひとつがイモ類**です。私たちがでんぷんを消化するには、加熱され糊化された状態である必要があります。そのため、でんぷんを豊富に含むイモ類、スイートコーン、カボチャや豆類は、一般的には生では食べません。

さらに、ナスやタケノコなども通常、生では食べません。野菜には味覚に対して不快な刺激を与える成分が入っている場合があります。えぐみ、渋み、苦みなどと表現されたり、アクと呼ばれたりするものです。アクの成分は野菜の種類により異なりますが、マグネシウム、カリウムやシュウ酸、またアルカロイド、タンニンなどのポリフェノール類などが主なものです。これらは野菜の細胞膜の内側にあり、洗うだけでは取り除けず、ゆでることによって細胞を壊し、アクを抜きます。

従来、野菜はビタミン、ミネラル、食物繊維の栄養供給源としてとらえられてきました。近年は、抗酸化作用を有するなどの理由で、ビタミンCとカロテンへの期待が高まっています。これらの観点からすれば、**水に流れやすく熱に弱いビタミンCを期待すれば生で食べるほうがよく、脂溶性のカロテンの摂取を目的にするのならば油で炒めたり、揚げたりする食べ方が好ましいといえるでしょう。**

Q. 甘みのある野菜と苦みのある野菜、違いは何でしょうか？

A. 動物に食べられたいのが甘い野菜、食べられたくないのが苦い野菜

虫や動物などに食べられたいか、食べられたくないかによって、野菜の甘みは変わってきます。

トマト、メロン、イチゴ、スイカなどは甘みがあって生で食べておいしいですが、タケノコ、ワラビなどの山菜などは苦みや渋みがあり、そのままでは食べられません。また、ホウレンソウは、近年「サラダホウレンソウ」などがあるものの、一般的には苦みがあるので生食はしません。

植物である野菜は、自身を昆虫や外敵から守るために抗菌・殺虫成分を持っているものもあります。しかし、タネは動物に食べられることで拡散し、それが種族の継続と発展につながるので、タネを包む果実には動物が好む成分を含むものが多くあります。果菜類といわれる野菜で私たちが食べているのは、タネを包む果実の部分です。ただ、果菜類であっても完熟途中の果実を収穫するナスやキュウリのように、アクと呼ばれる物質を多少なりとももっているものがあります。苦みや渋み、えぐみは、これらの物質からきています。

こうしたアクは、動物が食べるのを嫌うように意図されたものなので、成分にはシュウ酸、アルカロイドやタンニン系物質など、多く摂取すると人の体に害を及ぼす成分が含まれています。また、調理中に溶け出して料理の味や色を変えたりするほか、体によい成分の消化吸収を損ねる場合もあります。

このような野菜では、体に害になる成分を取り除き健康によい成分を取るために、調理の前にアク抜きなどを行うことが推奨されます。

Q. 見た目のよさと味に関連性はあるのですか?

A. 形、色、大きさがよいからおいしいとは限りません

「形、色、大きさがちょうどよい」ことを見た目のよさとするならば、味との関連性はありません。

味とは、一般的には甘み、酸味、塩み、苦み、うまみ、辛み、渋みが基本となり、ここに香りや歯ざわりなどの食感が加わったものです。味の要素の成分を見てみると、次のようになります。

甘み=糖、アミノ酸、ペプチド、タンパク質など
酸み=有機酸や無機酸など
塩み=アンモニウム、ナトリウム、カリウム、カルシウムなど
苦み=アルカロイド類など
辛み=トウガラシなどのカプサイシン、ショウガのジンゲロン・ジンゲロール、アブラナ科野菜ではイソチオシアネート類など
渋み=ポリフェノール類など

味に影響を与えるこれらの成分の含有量の多少と、野菜の外観に関連性はありません。ただ、**鮮度や熟度は味を構成する成分量に関係するので、それぞれの野菜に適した熟度のもので、鮮度がよいものが味もよいといえるでしょう。**熟度や鮮度は見た目のなかでは色と関係はありますが、色だけで識別するのは不可能なので、五感を働かせて選ぶことになります。

一方、**虫食いや病気の跡が見られる野菜は、野菜が体内に作り出す防御物質が原因で、苦みや渋みを強く感じる場合があります。**食べる際は、その部分を取り除くなどの注意が必要です。

Q. 初心者でも育てやすい野菜はありますか？

A. 花を咲かせず、葉や根を収穫する野菜です

葉や根を収穫し、葉が結球する必要がない野菜が育てやすいといえます。タネまきから収穫までの時間が短い小型の野菜で、株ごと取って収穫するものが初心者向きです。これらの野菜は気温が適温であれば、収穫期まで順調に成長を続けるので、タネまきの時期さえ間違えなければ問題なく栽培できます。コマツナ、ラディッシュ（ハツカダイコン）、ベビーリーフ類、リーフレタスなどがよいでしょう。降霜の心配がなくなった春先、盛夏を過ぎた初秋にタネまきをすれば、確実です。

これらは、アブラナ科やキク科の野菜で、葉菜類、根菜類と呼ばれるものです。ただ、葉菜類であってもアブラナ科のキャベツやキク科の玉レタスは結球させる必要があるので、少しハードルが高くなります。

初心者でも作りやすい野菜

❶ 最も育てやすい

葉物野菜……タネまき、苗の植えつけ後、間引きをしながら育成して収穫。栽培期間が短い
例＝コマツナ、ハツカダイコン（ラディッシュ）、ベビーリーフ類、リーフレタスなど

❷ 育てやすい

根菜類……タネまき、苗の植えつけ後は、間引き、土寄せ、育成して収穫。土作りも大切。栽培期間は比較的短い
例＝ハツカダイコン、サツマイモ、ダイコン、ニンジンなど

❸ 少しむずかしい

結球する葉菜類……タネまき、苗の植えつけ後、間引き、土寄せ、収穫。栽培期間が少し長い
例＝結球レタス、キャベツ、ハクサイなど

❹ むずかしい

果菜類……花を咲かせて実を取る大型の野菜で、栽培期間が長い。苗の植えつけ後、剪定（誘引）、交配、収穫
例＝トマト、メロン、スイカなど

Q. どうしたら、たくさん収穫できますか？

A. 適切な栄養を与えて正しく管理し、総生産量を増やしましょう

野菜の収穫量とは植物体上の人間が利用する部位の生産量を指します。**その収穫量だけを都合よく増やすのはむずかしいので、植物体全体を大きく充実させて、全体の総生産量を増やし収穫物への分配を高めることが、収穫量を増やすことにつながります。**

総生産量の最大値は、その個体の遺伝子に支配されるので、栽培方法によって著しく増加させることはできません。しかし、野菜をおいしく作るコツと同様に、必要な栄養を与えることは大切です。収穫物への分配量は栽培方法の影響を受けやすく、特に、果菜類や根菜類で収穫対象以外の部位が際立って成長する「樹ボケ」といわれる状態は、肥料のやりすぎなどが原因で起こります。例えば、トマトやサツマイモなどで、茎葉は旺盛に育っているのに果実が少ない、イモが貧弱といったことがあります。こうなると、全体の物質生産量は多くても、収穫量が少なくなります。

葉菜類の場合、「樹ボケ」は起きにくく、地上部の物質生産量の大部分が収穫量になるため、収穫量を増やすことは比較的容易です。おいしさなどの品質を無視すれば、施肥（特にチッソ肥料）量を増やすことで収穫量は多くなります。

野菜の物質生産は、栄養成分がでんぷんやタンパク質などの骨格成分や貯蔵養分に変化することであり、基本的な生成過程は化学式で表せます。化学反応は生育適温内では高温ほど速く進むので、トンネル被覆やハウス栽培など栽培環境を整えて温度を高く保ち、肥料を増やせ

品質を考えた栽培技術の考え方

収量と品質の関係を示す模式図

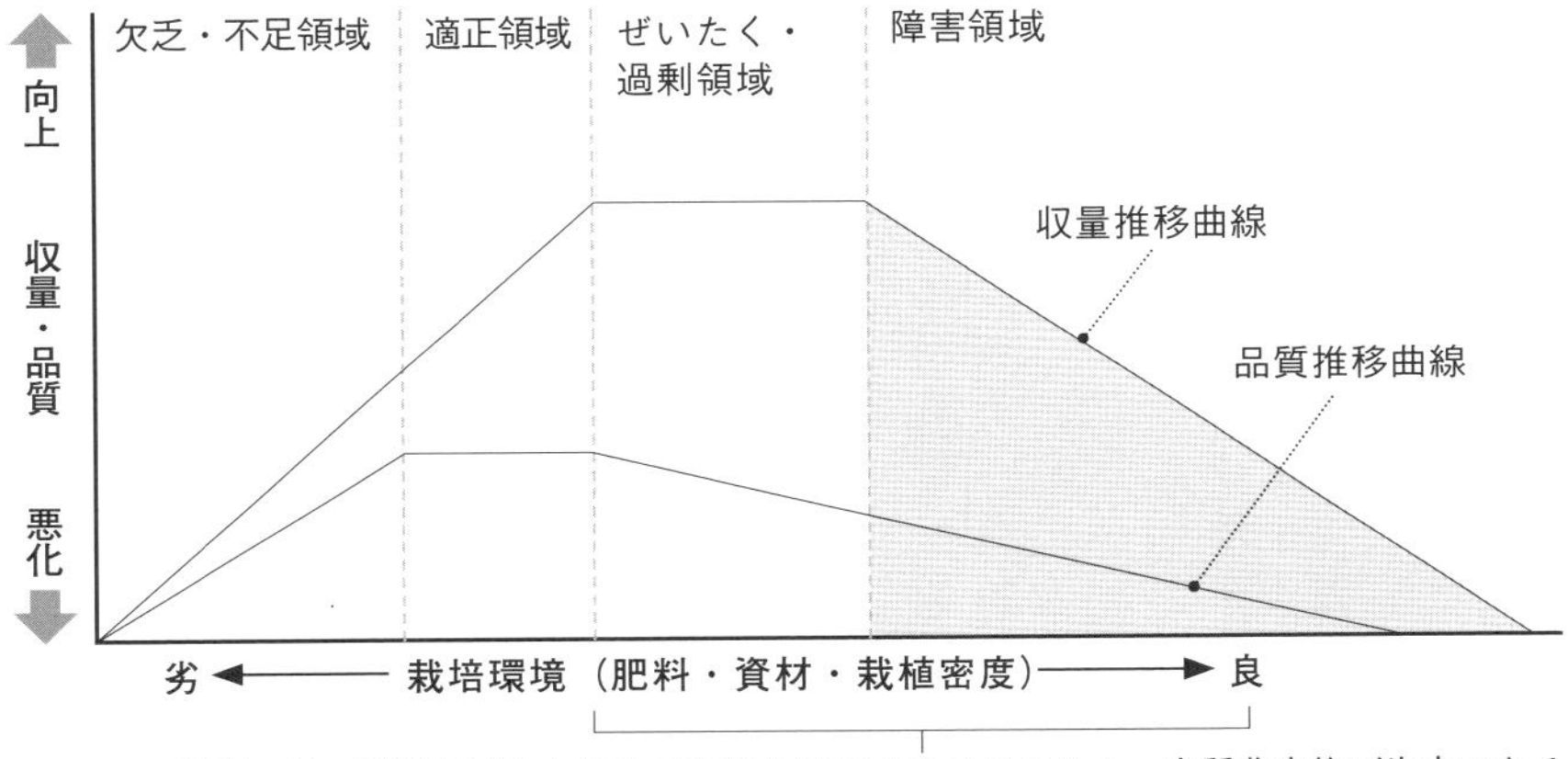

この範囲では、肥料を減らすことで収量を低下させることなく、良質農産物が生産できる。
※引用：相馬暁著『品質アップの野菜施肥』（農文協）

ば一定期間内の作物全体の物質生産量は増加します。しかし、この方法には限界があることは明らかで、ただちに「収穫逓減《ていげん》の法則（生産を増やそうとして、逆に収穫量が減ってしまうこと）」に直面します。

より多くの収穫量を得るためには、よりたくさんの個体を栽培する選択肢もあるのですが、栽培量が増えれば栽培のためのコストは増加し、ひとつの個体にかけられる手間が減るので、全体の収穫量は単純に右肩上がりにはなりません。プロの農家では、収穫逓減の法則に加えて損益分岐点も考慮することになり、栽植密度と栽培規模をどうするかの選択は、農業経営では重要な課題になります。

家庭菜園を前提にすれば、プロ農家の収穫量の70〜80%を目安にするのが、品質を優先した妥当な目標と考えます。そのためには、次項の**おいしい野菜作りと同様に、土作りによって土壌の潜在的な育てる力を蓄えて、その力量に合わせた収穫量を追求すると、家庭菜園でも収穫量は増えていきます。**

Q. おいしい野菜を作るコツはありますか？

A. 育てる野菜に適した栽培をすることです

おいしい野菜作りのコツは、健康に育てること。その ために は、野菜本来の育ち方をさせることが大切です。野菜が健康に育つための技術的要素には、栽培方法・栽培時期・品種・土壌・天候などがあります。このなかで、**栽培技術として最も重要なものは、品種と土壌です。**

野菜栽培に適した土壌は、栄養分が「土壌↓生物↓環境↓土壌」といった循環のなかに存在していること、そして、野菜がその栄養分を過不足なく吸収できることにつきます。そんな土壌には、微生物、小動物、野菜を含む植物の根が多様に存在し、それぞれが共存する生態系ができあがっています。ただ、現実的にそのような土壌を作りあげるのは容易ではなく、一朝一夕でできるものではありません。コツコツと理想の土壌に近づけていくと、おいしい野菜を作るコツが分かってくるでしょう。

土壌のなかに本来の自然の営みを育てるためには、外部から与える肥料は必要最小限として、自然に近いもの、すなわち有機物からできたものを使うことが重要です。ただし、有機肥料であっても、やりすぎれば野菜にえぐみや苦みが残りやすくなるので注意が必要です。

堆肥の施用も、土壌の微生物を育てるという観点から行います。理想は、毎年毎年、樹木の落葉落枝によって十分に有機物が蓄積してゆく里山の林床の土壌です。植物を育てる力をもった土壌を作ることで、野菜は健康に成育しておいしい野菜が作れます。

品種も重要です。例えば、在来種あるいは地方品種と呼ばれ、地方で古くから作り続けられてきた品種があり

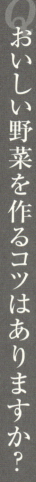

野菜の耐湿性

強いもの	サトイモ、ミツバ、セルリー、フキ、スイスチャードなど
普通のもの	ナス、キュウリ、エンドウ、タマネギ、ニンジン、シュンギクなど
弱いもの	サツマイモ、根深ネギ、インゲン、トマト、スイカ、カボチャ、ホウレンソウ、ゴボウ、ソラマメ、ダイコン、ハクサイなど

野菜に必要な日当たり

強い光線が必要なもの	ナス、ソラマメ、エダマメ、ダイコン、ニンジン、カブ、サツマイモ、ジャガイモ、ヤマイモ、キュウリ、カボチャ、スイカ、メロン、トマト、トウモロコシなど
半日陰に耐えるもの	葉菜類、ネギ類、イチゴ、サトイモ、ショウガなど
弱光線を好むもの	セリ、ミツバ、フキ、ミョウガ、など

タネ袋の見方

タネ袋は野菜の情報がまんべんなく書かれている。

植物名など

その植物の特徴が分かる。

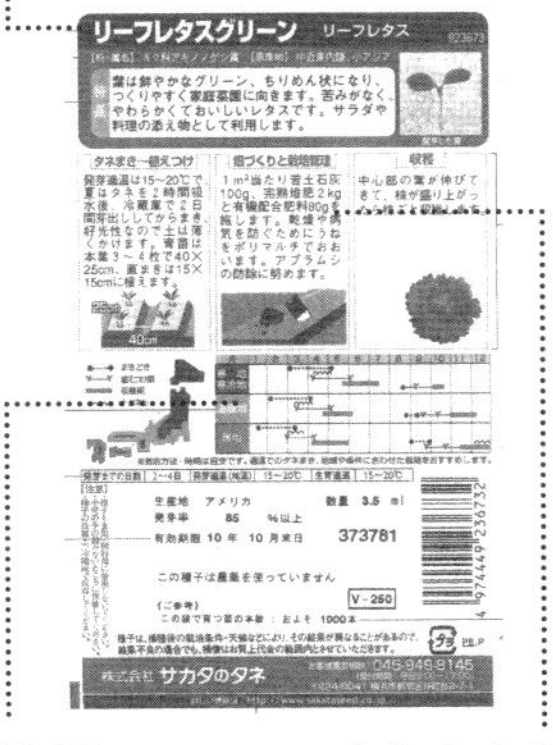

栽培暦

いつ何をしたらよいかや適温などが分かる。

タネのまき方や管理の方法

育て方が分かる。

ますが、これらは栽培地の気候条件や土壌条件に適応したものが多く、その地においては、品質がよく生産性の高い優れた品種になっています。現在、そのような品種を入手するのはむずかしくなっていますが、自分が栽培する地域の天候や土壌に適した品種を使うことも、おいしい野菜作りへの近道です。種苗会社が育成した新しい品種を選ぶ場合でも、カタログなどで示されている品種に適した気象条件や土壌条件、栽培条件などが栽培地にそなわっているかどうかを確認することが重要です。そして、品種の選択と同時に、その生育適温に合わせた栽培時期の選択を適切に行うことも、健康な野菜作りにつながります。

Q.同じ野菜でも、作り方次第で栄養が変わりますか？

A.変わります。生育に適した時期に栽培した野菜は栄養満点です

野菜にはそれぞれ生育適温があります。さらに、日照時間など気象環境が生育に最も適した時期に栽培すると、よく育ち収穫量も多くなります。このように栽培された野菜は栄養価も高く、味もよいとされています。いわゆる「旬の野菜」です。

逆に、季節外れの栽培は、不適な環境に対応しようと野菜が過度のストレスを感じて消耗し、栄養価が低下すると考えられます。間違った水やりや施肥などの栽培上の不都合で生育環境が不適になる場合もあるので、野菜の作り方次第で栄養も変わるといえるでしょう。

例えば、春から夏秋の害虫対策として、タネまきや植えつけ後から、不織布や寒冷紗《かんれいしゃ》などでできた防虫ネットをトンネル状に被覆する方法があります。また、冬の防寒対策としても同様な方法での栽培があります。こうした方法は、害虫忌避や防寒などの目的は達しても、ずっと太陽光線を遮っているため、日照不足の不適環境となってしまいます。その影響で栄養価が落ちる場合があり、過保護によって品質を落としてしまう例といえるでしょう。

同じことが、ハウス栽培にもいえます。ハウス栽培では、温度を生育適温に近づけるための保温（メリット）と、日照を遮ること（デメリット）の相殺関係のなかで、野菜を作る場所や時期などを決めていきます。

野菜の栄養素は、肥料との関係によっても影響されます。当然ながら、野菜は栄養分がまったくないと育ちません。そのため、栄養価が低い野菜にならないように肥料を与え、与える肥料を増やしてゆくほど、成長量や栄

野菜に必要な休耕年数の目安

休耕年数	主な野菜
連作しても影響の少ないもの	タマネギ、ネギ、カボチャ、オクラ、ホウレンソウ、サツマイモ、スイートコーンなど
1年程度作づけを休んだほうがよいもの	レタス、ダイコン、カブ、ツケナ類、ナガイモ、ニンジンなど
3年以上休んだほうがよいもの	ハクサイ、キャベツ、カリフラワー、ゴボウ、ジャガイモ、サトイモ、インゲンマメ、エダマメ
5年以上休んだほうがよいもの	トマト、ナス、ピーマン、キュウリ、スイカ、エンドウなど

出展：鈴木芳夫編著『野菜栽培の基礎知識』（農文協）

肥料の三大要素

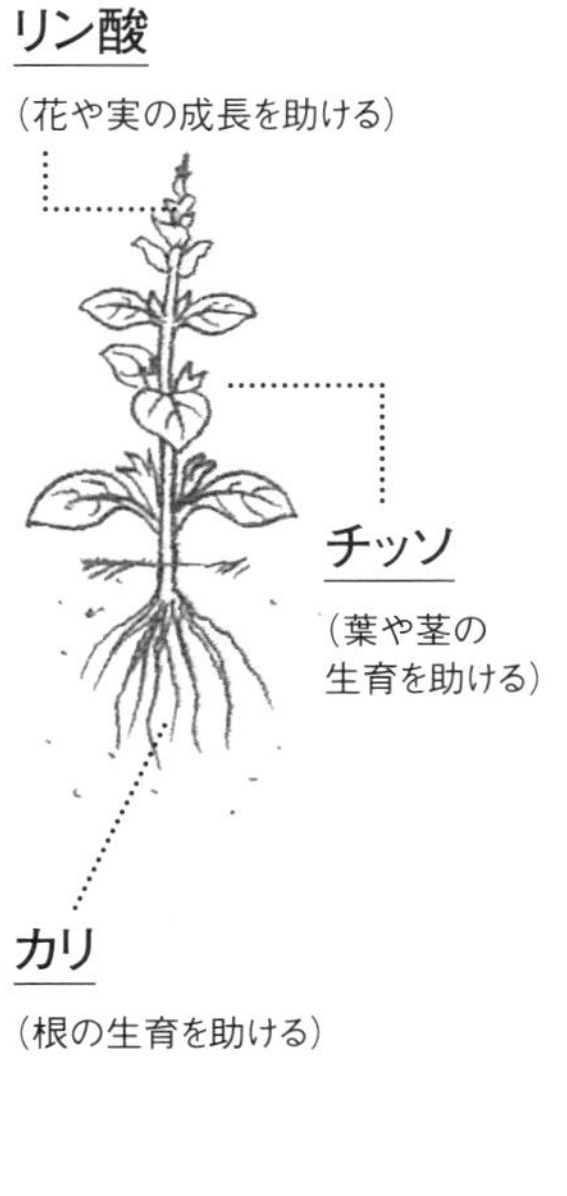

養分は増大していきます。

しかし、ある時点で頭打ちになる「収穫逓減《ていげん》の法則」という状態がやってきます。これは、野菜に限らず植物全般に当てはまりますが、頭打ちになるまで肥料を与えると、食品としての品質が大きく損なわれてしまうのです。

肥料は三要素と呼ばれるチッソ（主に葉や茎の生育を助け株を大きくする）、リン酸（主に花や実の生育を助ける）、カリ（主に根の生育を助ける）を主な成分にしています。特に株を大きくしたいといってチッソを多く与えることがあります。そうすると使わなかった分が野菜の体内に硝酸態チッソとして蓄積します。過剰な硝酸態チッソは人間にとっても有害です。また、三要素のやりすぎにより、ミネラルなどの他要素の吸収が抑制され、野菜が栄養不足になることがあります。

Q. プロが作った野菜は、どうしてきれいなのですか?

A. 品種の違いと収穫物の選別が、見た目の美しさを保っています

お店で見る野菜は形がそろっていて、家庭菜園の野菜とはずいぶん違うと感じている人も多いでしょう。お店で売られている野菜の多くは、市場流通しているものや専門の生産農家が直接納めたものです。野菜生産農家と家庭菜園との大きな違いは、品種の違いと収穫物の選別にあります。

商品と自家用品との違いといってもいいのですが、プロ農家の品種選択の視点は「商品性」が第一です。そろいがよい、収量が多い、棚もちがよくて一定レベルの味が備わっている、小型、作りやすい……といった点が商品性を支えています。種苗会社が行う品種改良でも、育種目標はそれらの視点が重視されています。

商品性を担保する品種の多くは、「F1品種」と呼ばれる雑種第一代のタネです。そのタネから生まれた次世代の雑種第二代(F2)にはいろいろな組み合わせが現れ、F1品種のようなそろいは期待できないので、毎年、種苗会社が販売する同じ品種を買い求めることになります。F1品種は、形、味、耐病性など、目的とした形質がそろってよく発現し、両親よりも草勢が旺盛で収量が多くなるため、現在の野菜栽培の主流になっています。

一方で、従来から自家採種などで、形質が代々受け継がれてきた品種を「固定種」といいます。固定種は遺伝的な多様性を残しているので、その地に適したものであればとても作りやすいのが特徴です。予期せぬ異常気象などの不良環境や病害虫の発生に対しても、全滅することなく適応できる可能性をもっており、家庭菜園などで

F1《エフワン》品種とは

F1品種は意図した形式がF1に発現する遺伝の法則を利用します。雑種第2世代(F2)は「分離の法則」によって、両親から引き継いだすべての組み合わせをもつため、意図しない形質も出てしまうので、農業としては実用になりません。

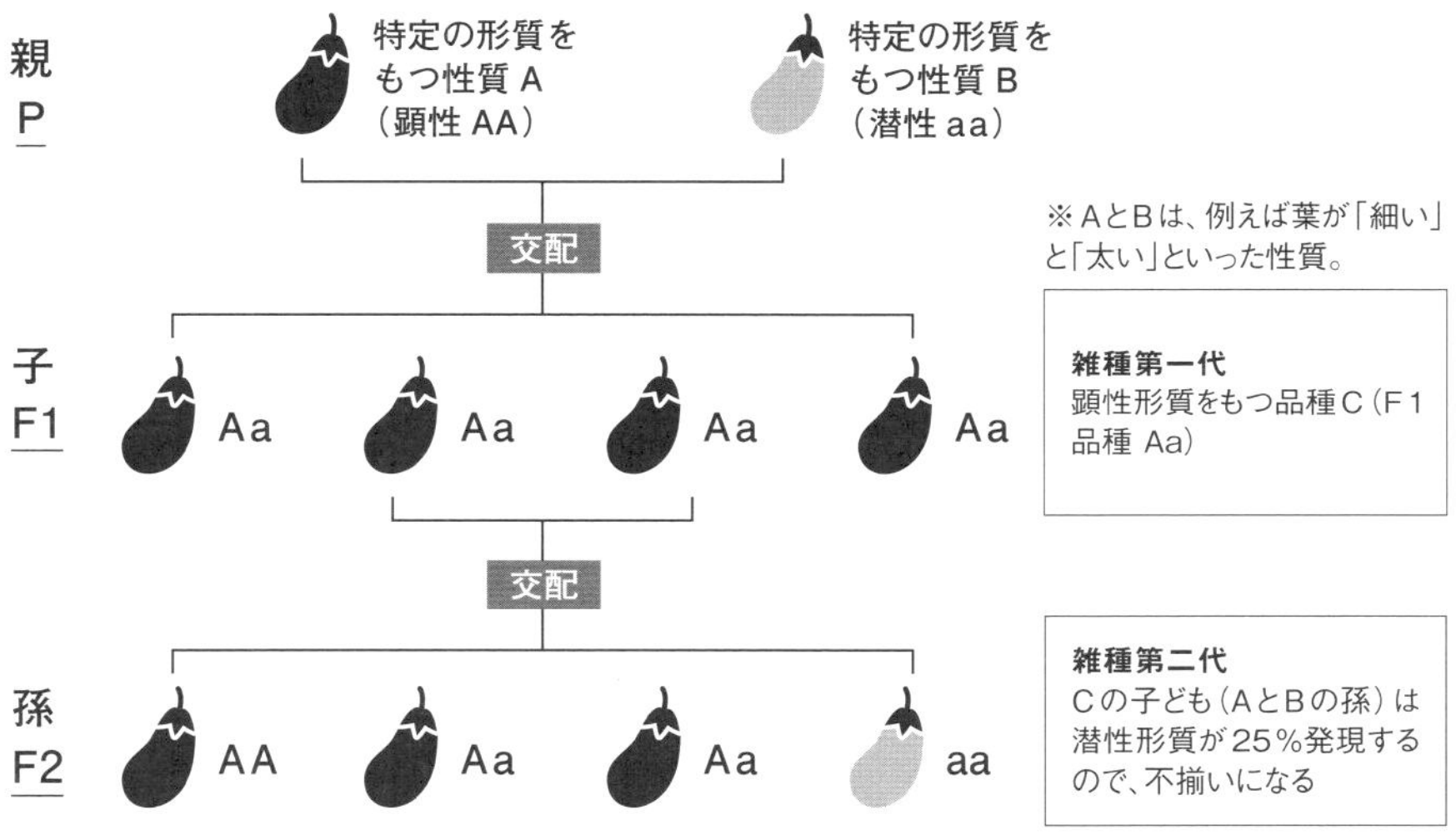

は使いやすい品種といえるでしょう。家庭菜園でも主流はF1品種（優れた形質を維持するために遺伝子型を均一にしようとすると草勢が弱くなり生産力は低下する。しかし、均一化したふたつの異なる形質のものを交配させた、雑種第一代〈F1〉には、親の顕性形質のみが現れ、なおかつ一代目の子孫に限って親よりも草勢が旺盛で収量が多くなる。この遺伝的性質を利用した雑種のこと）となっていますが、農薬などの投入資材による徹底した病害虫防除、ビニールなどのプラスチック資材による保温管理などを前提とした栽培が求められる場合もあり、プロ農家でなければむずかしい側面もあります。

きれいな野菜を支える2番目の要因は、選別です。市場流通では長さ、重さ、形、色、病害虫や傷の有無などを基準に、出荷のための規格があります。生産農家はそれに合わせて選別し、A品、B品、C品、規格外といった分類がなされます。当然すべて食べることができる野菜ですが、一般消費者向けの店頭には規格外やC品はほとんど出ません。**プロ農家が作る野菜といっても、すべてが「きれいな野菜」ではなく、店頭には生産量の一部が並んでいるということです。**

Q. 集合住宅のベランダでも野菜は作れますか？

A. ベランダにコンテナが置ければ、ほとんどの野菜は栽培可能です

ベランダでは、主にコンテナ（プランターなど）で栽培することになります。コンテナには多くの土は入らないので、背が高くなるもの、根が深く張るものはむずかしいですが、葉物や小型の果菜類や根菜類の栽培が可能です。ただし、上手に作るには、コンテナの大きさは**幅50～60㎝、奥行き30㎝、深さ30㎝程度が必要です。幅60㎝、奥行き20㎝、深さ20㎝程度の一般的なプランターでも、栽培株数を少なくするなどすれば栽培できます。**

作りやすい野菜は小型の野菜です。葉菜類ならば栽培期間が短いコマツナ、ベビーリーフ、シュンギク、サラダナなど、根菜類ではハツカダイコン、コカブが適します。ニンジンは三寸ニンジンやミニニンジンを選ぶとよいでしょう。ダイコンを栽培する場合は、コンテナの深さが30㎝は必要です。地上部に飛び出る部分が多い、青首で総太り系の短根のものが適します。

果菜類の多くは支柱を立てるので、自立できるしっかりとした支柱が立てられる深さのコンテナか、ベランダの手すりなどを利用できる環境が必要です。また、ナス、ピーマン、トマト、オクラなどは栽培期間が長く草丈も大きくなるので、大きめのコンテナが必要になります。トマトは大玉トマトよりもミニトマトが適します。

エダマメ、インゲンマメは支柱などで倒れないようにしますが、コンテナでも簡単に作れます。インゲンマメはつるあり種とつるなし種があり、つるなし種のほうが、支柱が簡単でコンテナも小さくてすみます。

Chapter 2

野菜作りの準備と基本

野菜作りを成功させるコツは、
単純ですが、「基本を守る」ことです。
適期の的確な作業が「おいしい野菜」になります。

Q. 野菜作りに向けて、何から始めたらよいですか？

A. 野菜作りにかけられる時間を考えてプランを設計します

まずは大まかな計画を立てましょう。野菜栽培は手入れなどの日常的に行う作業があります。日々の生活のなかで、野菜作りにどの程度時間をかけられるのか、毎日、週2〜3日、週1回、隔週など、無理のない範囲でイメージします。野菜作りを本格的にやってみたいのか、試しに少しだけやってみたいのかなど、意欲の程度も自覚しておきましょう。

心の準備が整ったら情報収集です。手っ取り早いのは書籍や雑誌でしょう。

最近では有機栽培など特定の栽培方法をもとに書かれているもの、コンテナ栽培、水耕栽培などに限定して書かれているもの、方法にこだわらず全般的に書かれているものなどさまざまです。内容もハウツーに徹した栽培手引書タイプから筆者の考え方に沿った「○○流」と称したものなど、多岐にわたります。また、掲載されている野菜の種類も違うので、作りたい野菜が入っているかどうかもチェックしましょう。

最初の一冊は好みで選ぶことになりますが、家庭菜園を想定した場合、例えば作付け前に土壌に農薬を入れてから栽培が始まるような、「農薬の使用を前提」とした内容のものは避けるべきでしょう。過度な農薬の使用は避けるとしても、使い方に対する細かい法規制もあるので、同時に数種の野菜を育てる家庭菜園で使いきれるものではありません。

情報収集に関しては、市民向け野菜作り講座の受講や、近くで菜園仲間を見つけることも有効です。

Q. 野菜作りで気をつけることはありますか？

A. 周囲と自分に気をつけます

野菜作りの作業は汚れてもよい服装で帽子、作業によっては手袋やマスクを身につけ、暑さや寒さ、直射日光、雨、風、害虫などに注意します。また、重いものをもったり腰をかがめて作業したりするので、無理をして体を傷めないようにします。刃物や道具を使用するときは、自分や周囲の人を傷つけないようにします。

農薬や肥料を使用するときは、説明書をよく読んで使用方法を遵守します。薬剤を散布するときは、帽子、マスク、手袋、眼鏡、長そで長ズボンを着用し、散布後は洗濯します。

特に集合住宅のベランダや住宅地では、管理規約などを守り、農薬の飛散や肥料の匂い、枯れ葉や土埃などの拡散で周囲とトラブルにならないようにします。

いつでも、整理整頓と掃除を心がけましょう。

夏でも帽子と長そで長ズボンは基本。

Q. 野菜作りに適した場所とは、どんなところですか？

A. 理想的なのは、里山に隣接する畑、日当たりのよい場所です

最適なのは、里山に隣接する畑です。豊かな土壌、**きれいな空気と水があり、十分な日光を浴びられる場所が理想ですが**、そのような場所に菜園をもてる人は限られているでしょう。現実的には、可能な限りこれに準じた場所を選ぶことになります。

土壌については、雑草（草丈が低い草）がたくさん生えている畑を選びましょう。草も生えない場所や、背が高く幹が太い草木が茂っているところは避けます。きれいな空気のためには、交通量の多い幹線道路の脇などは避けたほうがよいでしょう。水については雨水（天水）の利用が基本ですが、井戸水が使えるところ、水栓がある畑も適します。塩素を含みミネラル分が少ないので、水道水はできれば避けたいですが、他にならなければ使用します。作物の生育には太陽の光は不可欠なので、なるべく日当たりのよい場所がよいでしょう。

以上が自然条件に関することですが、**住居から畑までの距離も考えましょう。**これは、野菜の種類を選ぶときの重要な条件になります。自宅の庭先に畑を作れるなら、手入れや収穫が毎日必要な野菜も育てられます。畑までの距離が遠くなればなるほど、制約を受けます。さらに、畑の大きさも条件として考える必要があります。広い畑か狭い畑か、あるいは遠くても広い畑か、狭くても近くの畑かは、作る野菜の種類にも影響します。例えば、数㎡なら狭いミニ菜園、十数㎡なら初心者の入門には適当、数十㎡なら中級者、数百㎡ならベテラン向けと考えると、よいと思います。

畑は四方に建物などがなく１日中日が当たり、風通しがよい場所が理想。ただし、そのような場所は都心などでは少ないので、日照条件など場所の条件に合った作物を育てる。

ベランダは、住戸ごとに日照条件などが異なるので、自宅のベランダの環境をよく調べてから作物を選ぶ。また、特に夏期は高温になり乾燥しやすいので注意が必要。

また、コンテナを利用したベランダ園芸もおすすめです。野菜の選択肢は狭くなりますが、キッチンと直結する菜園としての便利さをメリットに、畑と並行して利用すれば自給率はかなり高くなります。**南向きで日当たりがよく、風通しのよいベランダが最適ですが、北向きでも、野菜の種類次第で十分に栽培可能です。**集合住宅のベランダでは、上下左右のお宅との関係や、土や水を扱う作業が可能かどうか、また、管理規約などに抵触してないかを考慮する必要があります。

Q. 野菜作りに適したコンテナは、ありますか？

A. 軽くて、土が多く入るものがよいでしょう　プラスチック製の製品が便利です

コンテナは、育てる野菜に合わせ、土の容量や深さが確保できれば、問題ありません。野菜専用の製品も多数販売され、機能やデザインが工夫されています。ベランダで使う場合は、土を入れた状態で移動が可能な大きさのプラスチック製のものは、軽くて便利です。

コンテナのいろいろ

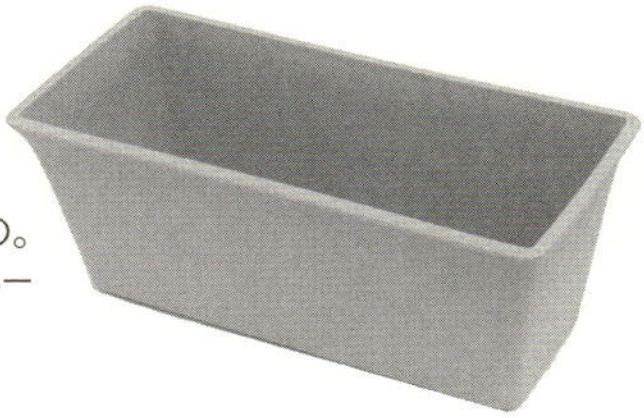

小型

容量が8～9ℓのもの。小型の葉物野菜やハーブに向く。

浅広型

幅65cm、奥行き34cm、深さ22cmの野菜用のプランター。容量は45～50ℓ。大型の葉物から小型の果菜まで育てられる。

丸型

直径、深さとも20～50cm。葉物野菜、ハーブの寄せ植え、大きい鉢は果菜が育てられる。

深型

容量が60～75ℓで、深さ40cm以上のプランター。大型の根菜や大型の果菜が育てられる。

Q. 道具はどんなものをそろえたらよいですか？

A. 畑での必需品は、野菜づくりの基本作業を行える鍬《くわ》です

準備する道具は畑の広さにより異なります。特に欠かせないのは鍬です。鍬《くわ》ひとつあれば土を耕す、植え床を作る、土を寄せるなど、土を動かすほとんどの作業を行うことができます。その他には、三角ホー、レーキ、スコップ、鎌があるとよいでしょう。小物の道具には、芽切りバサミ、移植ゴテ、ジョウロ、計量カップ、メジャー、園芸ロープを用意します。

鍬はいくつか種類がありますが、平鍬を用意しておくとよいでしょう。

中耕、土寄せ、除草に使う三角ホーも鍬の一種です。ヨーロッパ生まれ、日本育ちの便利な道具です。刃の部分が三角にとがっているので、狭い場所でも小回りが利き、両側の側面2辺の刃をうまく使うと鍬と同様に植え床も作れます。ホーには「窓ホー」と呼ばれ、三角ホーよりも幅があり、刃の上部に窓が開いているものもあります。半円形で刃がついているのは前面の直線部分のみです。窓の部分から余分な土が落ちるため、土を大幅に動かすことなく、削るように除草ができます。硬い土に生えている草を削るときなどに便利です。

レーキは刃がくし形で鉄製の熊手です。掃くように動かして植え床の表面を平らにしたり、土の塊をほぐしたり小石を取り除いたり、刈り取った草を集めたりするときに使います。

スコップは先のとがった「剣スコ」と、先が平らな「角スコ」があります。前者は土を掘り起こすとき、耕すときに使い、後者は土をすくって動かすときに使います。

新たに畑を使い始めたときなど、最初の畝《うね》作りや排水用の溝を掘るときにあると便利です。家庭用のスコップで十分ですが、平鍬でも代用できます。

鎌は草を刈る他にも、ホウレンソウ、コマツナやニラなどの葉物野菜の収穫、サトイモ、サツマイモの収穫時に茎やつるを切るのにも使います。

ハサミは、芽や葉を摘んだり、収穫や、ひもやビニールマルチを切ったりと用途が多様ですが、先の細い芽切りバサミが便利です。

移植ゴテは苗を植える際に植え穴を掘ったり、追肥の後の土寄せ作業に使います。柄の部分を含めた長さが30cm程度のものが使いやすいです。移植ゴテにスケールがついているものもあり、メジャー代わりにもなります。

ジョウロは先端部分のハス口が取り外せるものを選びます。容量は5ℓ以上、水を入れて手でもち運びができる容量を目安にします。メジャーは畝幅、株間を測ったりするときの必需品です。園芸ロープは畝を立てるときや植えつけの際にガイドとして張るのに使います。ロープの端を土に固定するためのクリップやポールなどとセットで使います。計量カップは500ccが測れて目盛りがついているものを選びます。

他にあると便利なものでは、刃がL字型についた収穫包丁があります。キャベツやハクサイ、レタスなどを収穫する際、野菜を傷めずに株元から簡単に切ることができます。プラスチックマルチに植え穴を開けたりするときにも使えます。カッターナイフは刃がこぼれ落ちる危険があるので、畑では使いません。

なお、ミニ菜園など小面積の場合は、平鍬一丁とメジャー、芽切りバサミ、小物の道具があれば始められます。また、ベランダ園芸では、鍬なども必要なく、小物の道具があれば十分です。

道具は使用後、泥を落とし、乾いた布でふいておきます。

身につけるもの

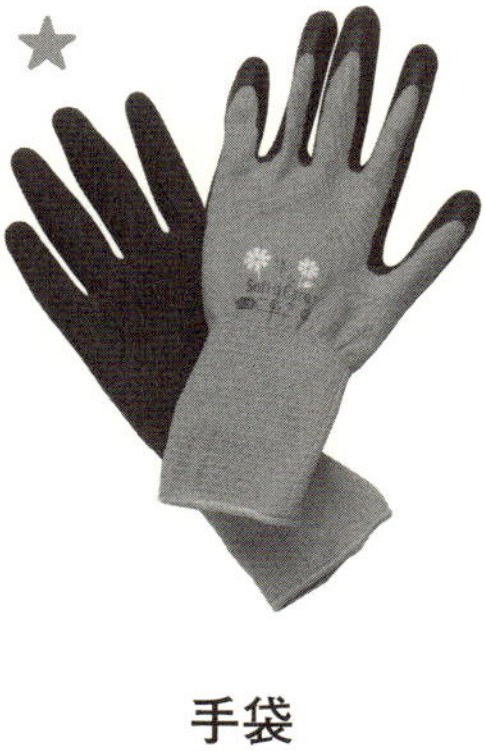

手袋

素手で触れないときや刃物をあつかうときなどに。また、果菜類の芽かきなどには薄手の手袋、肥料などの油性や刺激性のあるものは厚手のゴムで補強のある手袋がよい。

農作業の道具

★＝必ずそろえたい道具

★ 鍬

ほとんどの作業を行える。軽くて手になじむサイズのものを選ぶ。

移植ゴテ

苗の植えつけや中耕などに。ステンレス製で柄とコテが一体になっているものがよい。

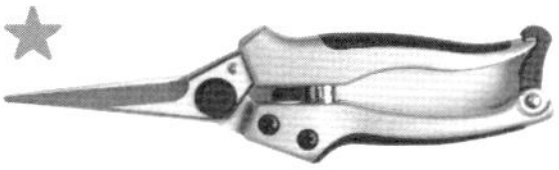

★ 芽切りバサミ

両刃タイプがおすすめ。摘果、摘芯、収穫、ひも切りなど広い用途で使用する。

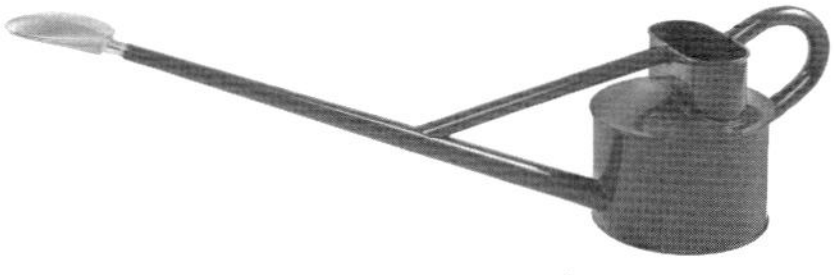

ジョウロ

持ち運びしやすく、ハス口の目が細かく外せるものがよい。

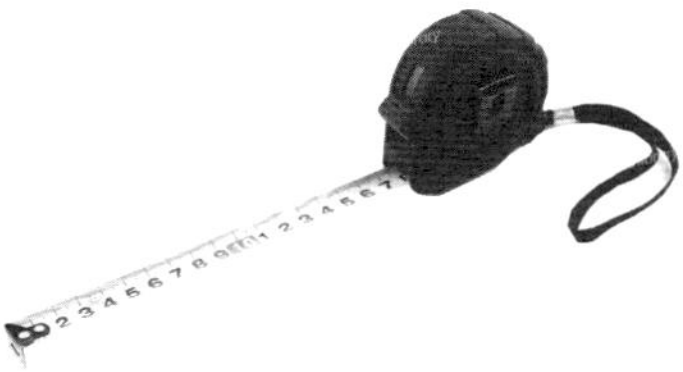

メジャー・定規

長さを計るときに必要。

収穫包丁

キャベツやハクサイ、レタスの収穫には欠かせない。刃が先にもつき、狭い部分でも垂直に包丁を当てられる。

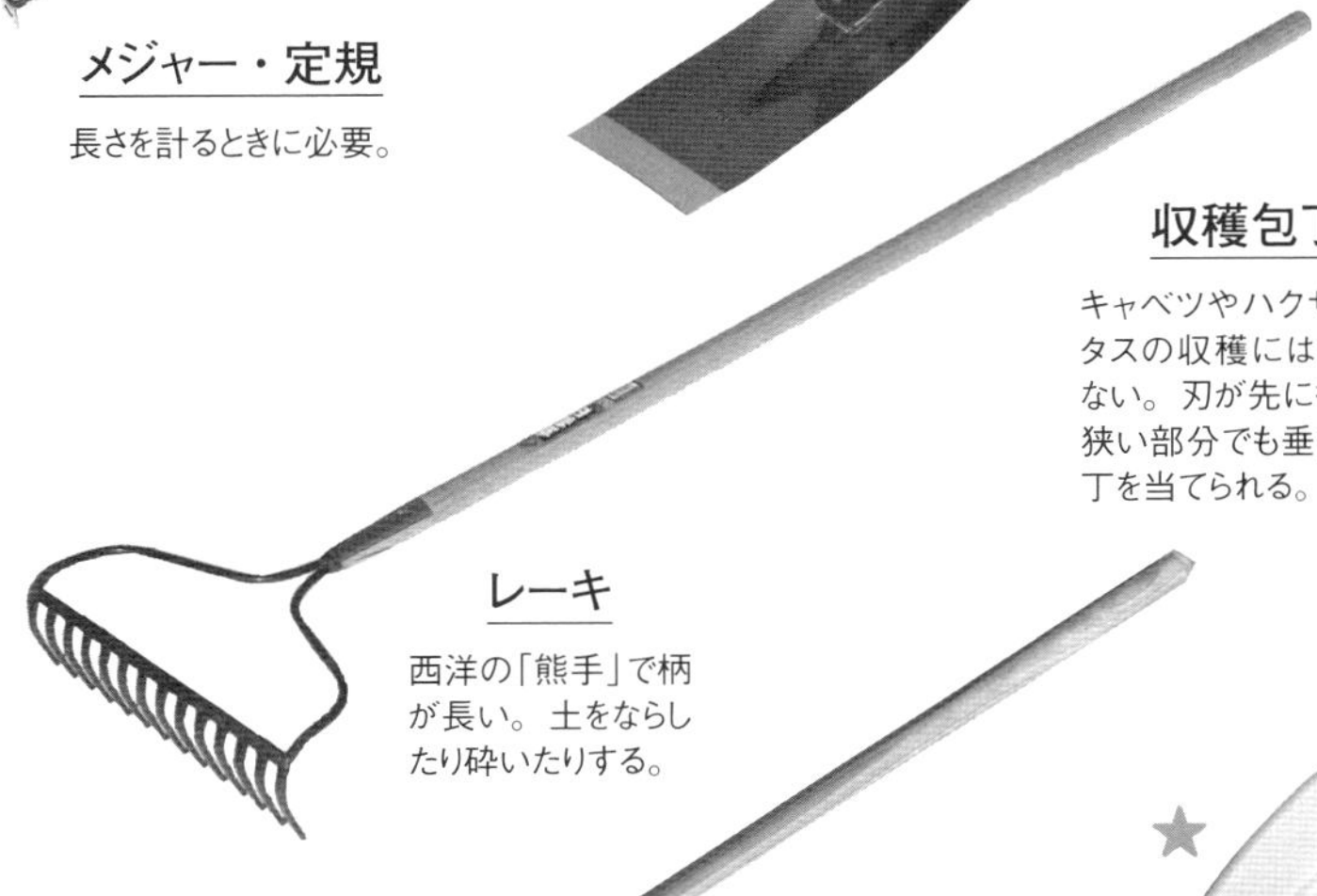

レーキ

西洋の「熊手」で柄が長い。土をならしたり砕いたりする。

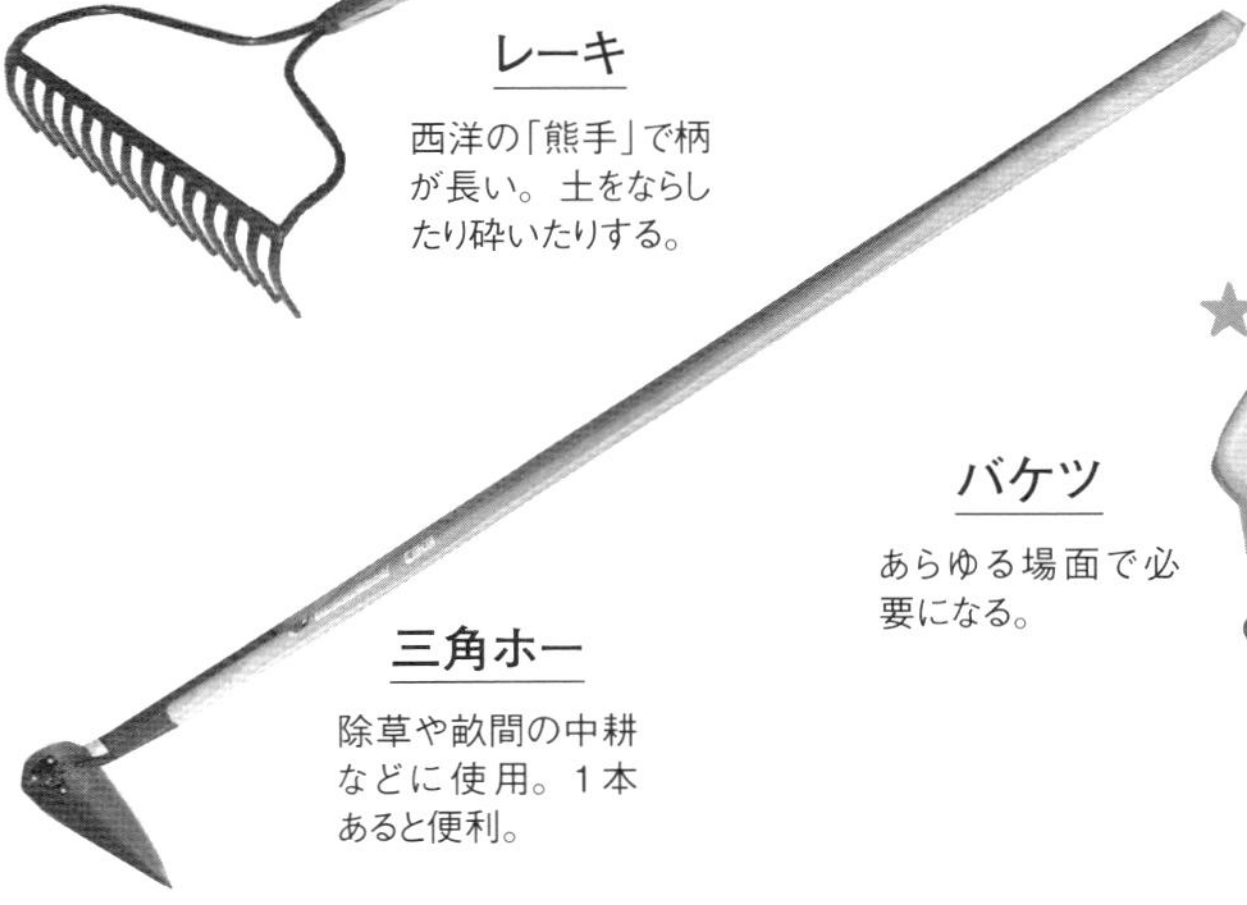

三角ホー

除草や畝間の中耕などに使用。1本あると便利。

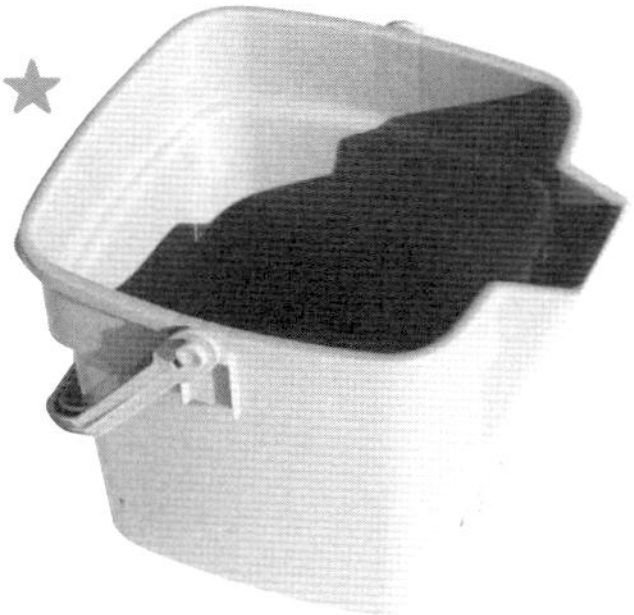

★ バケツ

あらゆる場面で必要になる。

Q. 資材はどんなものが必要ですか？

A. 野菜の種類や作業に応じた資材を利用しましょう

資材は育てる野菜に応じて、必要なものを準備しましょう。最近では、作業を楽にしたり、効率をよくする資材や道具が販売されています。

支柱は必須アイテムです。長さ50㎝～240㎝ほどまであり、長さと太さは組になっていますが、野菜用には太さ5～20㎜のものが使いやすいです。畝を立てるときのガイドや計測に使ったり、支柱を立てるときなどは、それぞれを組み合わせて組み立てて使います。

土は植物栽培の基本です。毎年、腐葉土や堆肥など土を豊かにする有機質資材で土を改良していきましょう。土に入れる資材は、落ち葉やパーク堆肥など植物由来のものにするのが、自然の摂理に合っています。なお、新しい畑では微生物の資材の使用も効果的です。

土を豊かにする資材

微生物資材

有機物の分解を促進する微生物を含む資材。土を豊かにしたい畑で使う。

有機石灰

ミネラル分を含むカキがら石灰がおすすめ。粉状のものが使いやすい。

堆肥

土をよい状態（団粒化）に促進するための欠かせない資材。植物由来の落ち葉堆肥やバーク堆肥などがよい。

トンネル用支柱と防護ネットで作ったトンネルの例。

農作業の主な資材

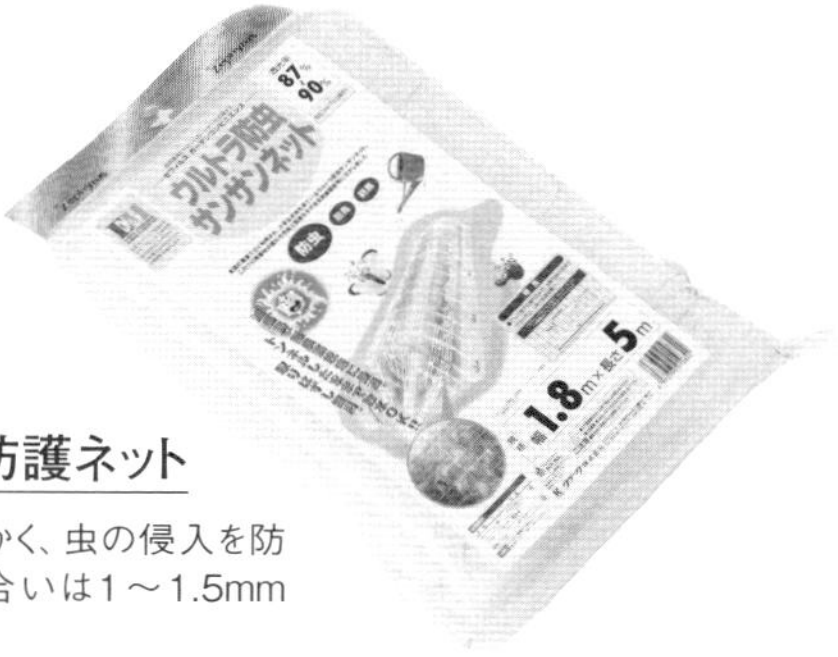

防護ネット

目が細かく、虫の侵入を防ぐ。目合いは1～1.5mmのもの。

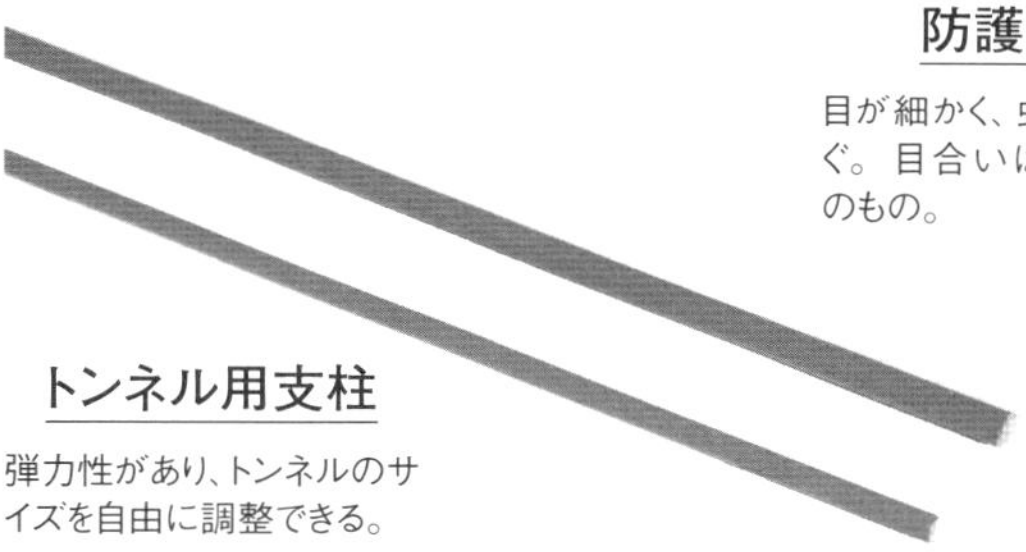

トンネル用支柱

弾力性があり、トンネルのサイズを自由に調整できる。

ビニール帯・麻ひも

作物と支柱を固定する。

結束用ゴムバンド

支柱と支柱やネットなどを固定する。

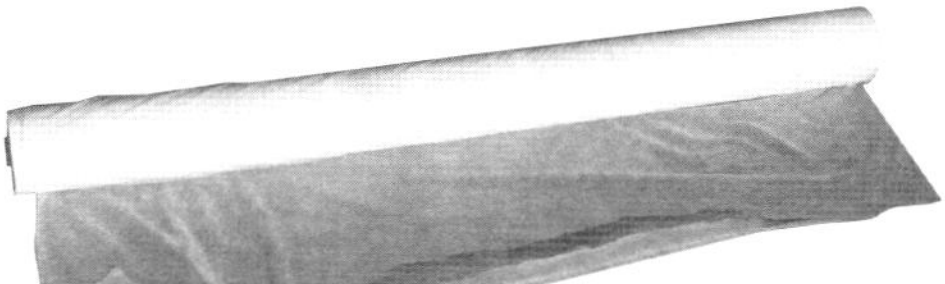

不織布

マルチや遮光、防虫ネット代わりなどに使用する。

マルチ（穴あきタイプ）

保温、保湿効果があり、黒色のものは雑草が生えにくい。透明のものは地温を上げる。

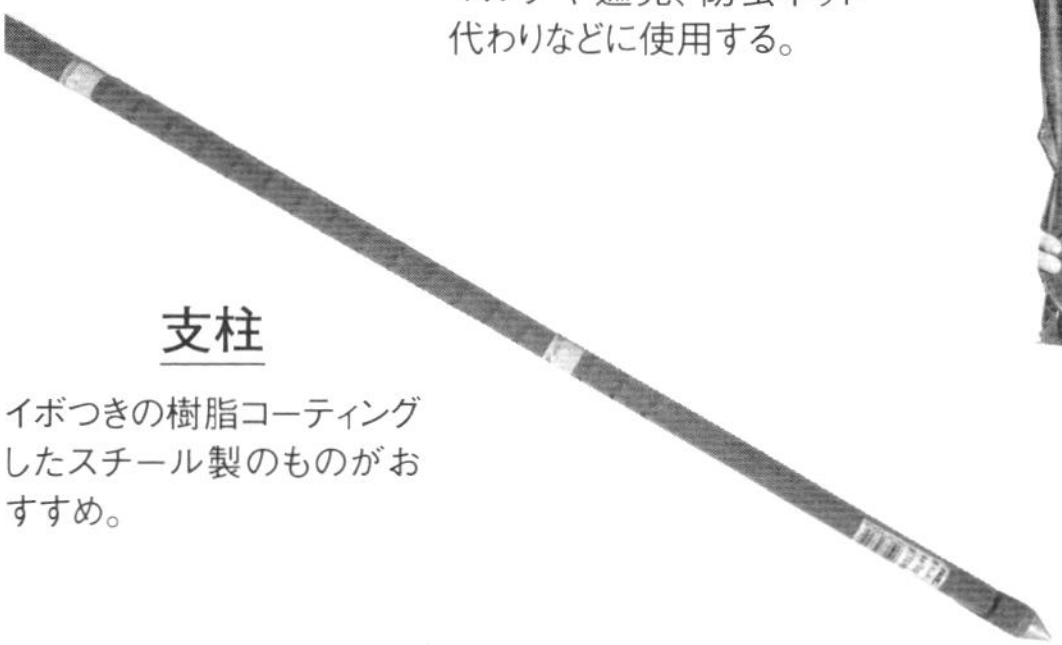

支柱

イボつきの樹脂コーティングしたスチール製のものがおすすめ。

Q. ポリマルチや不織布は、どう使い分けるとよいですか？

A. ポリマルチの補完に、不織布を被覆に使います

ポリフィルムで植え床を覆って野菜を栽培することを、「ポリマルチ栽培」といいます。**ポリマルチの効果は、土の乾燥防止、降雨時の泥のはね返りを防ぐことによる病気対策、雨が土へ直接当たるのを防ぐことによる土壌や肥料分の流失防止、多湿の回避などがあります。**

また、透明のポリマルチは春の地温を上げ、銀色や黒色のポリマルチは夏の地温の上昇を防ぎ、雑草が生えるのを抑制します。また、銀色や銀線ストライプ入りポリマルチはきらきらと光を反射することによって、アブラムシなどの飛来昆虫を回避する効果も期待できます。

トマトやキュウリなどの夏野菜を春の早いうちに植えつける場合は、地温の上昇効果が高い透明のポリマルチを、5月の大型連休以降の地温が十分に上がってからの植えつけには、雑草抑制効果が高い黒マルチを使用するとよいでしょう。6月のキュウリなどの夏秋栽培や晩夏から秋口のダイコンなどでは、アブラムシが媒介するウイルス病が重大な病害になるので、銀色や銀線ストライプのポリマルチを使えば、暑さ対策とアブラムシ対策になります。しかし、ポリマルチは厚さが0・02㎜と薄く、一度使ったら廃棄せざるを得ないのが難点です。銀、銀線入りのものは、価格が高いので使いづらいです。

そこで、ポリマルチの目的を補完するものとして、不織布による被覆栽培があります。不織布はポリマルチよりも高価ですが、4〜5年は繰り返し使用できるので、適宜上手に使うことをおすすめします。

不織布による被覆は、防虫、防鳥、防寒、保温の効果

ポリマルチをする

ポリマルチとは、ポリエチレンフィルムでマルチング（ビニールや藁などで表面を覆うこと）することです。ポリエチレンフィルムには、黒マルチ、白マルチ、透明マルチ、シルバーマルチなどがあり、黒マルチと透明マルチがよく使われ、ともに穴あり穴なしがあります。マルチの材質には、ポリエチレンフィルムの他、微生物が分解する生分解フィルムや再生紙マルチなどがあります

透明マルチ

地温を高め保温効果があるが、雑草を抑制しない。

黒マルチ

地温と湿度を保持し、雑草を抑える。

不織布

より効果を高めるために、通常はマルチとセットで全体を被覆するときに使う。

マルチ取り

マルチがあると、追肥や土寄せがしにくいため、作物がある程度育ったら、マルチを破って破棄する。

に加えて、雑草対策以外のポリマルチの効果もあります。

マメ類の初期生育時の一時的な防鳥などで使用する以外は、不織布の被覆は単独ではなく、ポリマルチとセットで行うことが大切です。ポリマルチをしないで被覆すると内部が多湿や高温になり作物を傷めることもあります。

被覆の方法は、植え床の上に直接かける「べたがけ」、少し浮かせてかける「浮きがけ」、ある程度の高さを確保する「トンネルがけ」があり、対象とする野菜の大きさ、被覆の期間を考慮して決めます。浮きがけやトンネルがけではアーチ型の骨組みが必要です。自在に曲がるトンネル用支柱（市販）を使い、半円状のアーチを作って不織布をかけます。

不織布は軽くて扱いやすく耐久性があり便利な資材ですが、遮光効果もあるので、できるだけ光の透過率が高いもの（95％程度）を選び、被覆は遅くても収穫開始の2〜3週間前には外し、しっかりと日を当てることが大切です。長期間被覆すると、健康的なおいしい野菜は作れません。

Q. 畑の土は、そのまま何度も使えますか？

A. 毎年、畑に有機物を加えるなどのケアが必要です

自然の土は植物を育てる力をもちます。この力は植物、動物、微生物などの生物と、それを取り巻く環境とのかかわりのなかで培われます。栽培はそれらを切り離すため、何もケアをせずに栽培を続けると、土は劣化し植物を育てる力を失います。

農耕や栽培は、自然界において数百年、数千年の間に培われ維持されてきた生態系の物質循環と物質の生産の営み、およびそれによる養分の蓄積を利用しています。物質循環とは、無機物を栄養とし光合成によって有機物を生産する植物（生産者）、それを食べ消費する動物（消費者）、排泄物や死骸《しがい》を分解する菌類などの微生物（分解者）によって還元された無機物を、再び栄養として植物が利用するというものです。農耕では生態系の営みを単純化し、物質循環の一部を食料として抜き取ってしまうため、過去の遺産を食いつぶす行為であるともいえます。

農地において雑草や野菜の根など土に戻る有機物の量は、自然界の営みと比べると絶対的に少ないため、畑の土はそのままでは循環が切れてしまうのです。循環を取り戻すために、畑に有機物を補充することが「土作り」であり、栽培を行う上で欠くことができない工程です。

小さな区画での堆肥の施し方

作づけごとに、バーク堆肥などを1㎡当たり1～2kgすき込む。畑全体にすき込む方法と、畝立てした後にすき込む方法がある。

畝立てした後にすき込む方法は、継続して野菜を育てるか、畝幅60cm以下の場合に、畝間に行う。

Q. コンテナ栽培の土は、どうしたらよいですか?

A. 市販の培養土が便利です。自家製の培養土は再利用できます

用土は、畑や庭の土を元に自分で配合できますが、市販の野菜専用の培養土が便利です。pHが調整され、多くは元肥が入っています。ただし、安すぎる培養土は、粗悪な資材が混入していることがあり、注意が必要です。**信頼できるお店や店員のすすめる商品なら、間違いは少ないでしょう。**

なお、市販の培養土の場合、一度野菜を育て終わった土で再度野菜を育てるのは避けます。天日で干すなどして草花などに再利用するか、自治体のルールに従って処分します。原料がわかっている自家製の土は堆肥などの有機物を追加して再利用が可能です。鉢底石は必ず必要なものではないですが、軽石（大粒）を利用するとコンテナが軽くなり、根の下部への進出が止められます。

市販の培養土を湿らせる

1 コンテナの土は、市販の培養土が便利。

2 数回に分けて水を加えて湿らせてから使用する。

3 よくかき混ぜる。

4 手で握って形が残る程度の含水量が適切。すぐにコンテナに入れ使用する。

土の再利用には、太陽熱消毒がすすめられていますが、太陽熱だけでは不十分です。十分な発熱と嫌気的な状態を作り出すことで、病気の菌や害虫を死滅させるために微生物肥料を加え、太陽熱消毒を行います。土の再利用はよく日の当たる所で春から秋まで行えます。ただし、再利用する土は、ナス科やアブラナ科など連作ができない作物への使用は避けます。

微生物を利用した土の再利用

1 収穫の終わった株を抜き、土中の大きな根などは取り除く。

2 微生物肥料を土全体に散布する。培養土10ℓ当たり約30gが目安。

3 肥料が行きわたるように、土を混ぜる。

4 底穴から少し水が出るくらい水をかける。

5 ビニール袋やシートなどでコンテナを二重に覆い、日当たりのよい場所に置く。

6 ビニールシートが膨らみ発熱していたら温度を測る。

7 20日以上60度以上の熱が出ていたら、消毒がほぼ完了。使用する少し前にシートをはずす。

8 熱が冷めていることを確認し、足りない分は新しい土を足して、タネまきや苗を植え葉菜などを育てる。

Q. 耕うん機は必要ですか？

A. 耕うんしなくても栽培できる野菜作りを目指しましょう

数百㎡ほどの大きな菜園であれば、耕うん機での耕うんは、作業効率が上がり便利です。しかし、プロ用の耕うん機なら深さ15cm程度は耕うんできても、家庭菜園用の機械では10cm程度。15cmの深さなら鍬《くわ》でも十分に起こせます。一度しっかりと鍬で起こして畝《うね》立てをしておけば、その後は敷き草をしたり、緑肥作物（食用ではなく肥料用に栽培する作物）や野菜を栽培すると、徐々に土がやわらかくなり耕土も深くなります。そうなれば、毎年や毎作、畝を立てることも必要なくなり、耕うん頻度が少なくても（耕うんしなくても）栽培できます。

野菜栽培は、耕うんをしなくても栽培ができる状態の畑作りを目指したほうが、健康的な本来の野菜作りにつながります。

畑の土壌改良

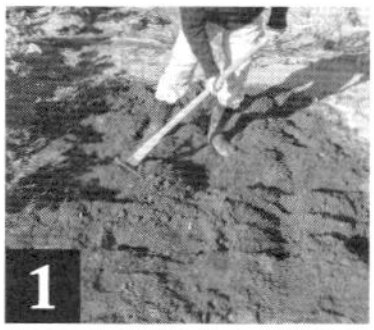

1 雑草を抜き、小石を取り除き、15cmほどの深さまで耕す。

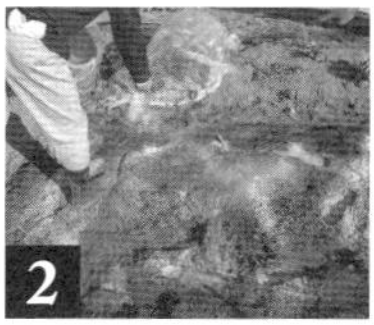

2 新しい畑の場合は、1㎡当たり100gの有機石灰をまく。

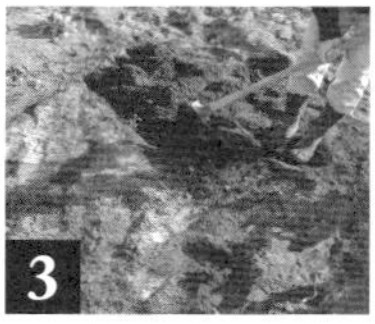

3 堆肥と土をよく混ぜ、2週間ほどなじませる。

コツ!

自然の生態系を大切にするなら、耕しすぎないほうがよい。深さ15cm程度で十分。ただし、ダイコン、ニンジン、ゴボウなどの根菜は例外。

Q. 畝《うね》の作り方は野菜によって違うのでしょうか？

A. 畝は、野菜の特徴や、育てたい株数や畑の長さによって変わります

タネをまいたり苗を植えつけたりするベッドを、「植え床」といいます。植え床と植え床の間には管理作業をするための通路を設け、植え床と通路を合わせたスペースを「畝」と呼びます。植え床の中心から中心までの距離を「畝間（畝幅）」といい、畑全体で栽培株数を計算するときなど、この畝間と株間から計算して割り出します。

畝は、水はけをよくするために植え床の土を盛り上げ、植え床と通路を分けることで管理しやすくします。畝を作ることを「畝を立てる」といい、ベッドの高さが15cm程度以上を「高畝」、それ以下を「平畝」と呼びます。ベッドの高さは畑の状態と育てる野菜の性質によって変えます。

例えば、水はけが悪い畑や耕土が浅い畑では高畝に、乾燥しやすければ平畝にします。また、最初に溝を掘り、溝の底にジャガイモやサトイモのタネイモや、長ネギの苗を置く植えつけ方法があり、「溝畝」と呼びます。イモや軟白部分が土の中にあることが必要な野菜に行われる方法で、溝を埋め戻しながら、さらに土寄せによって上に盛り上げ、生育容積を確保します。

畝は一般的には、日当たりを考慮して南北方向に作り、畝方向と並行して株を並べます。植え床幅と通路の幅は育てる野菜の草丈や広がりによって変え、畝の長さは育てたい株数や畑の長さによって決まります。通路幅は50cm、植え床幅70〜100cmが目安です。

コカブやハツカダイコン、コマツナなどの小型の野菜で株数も少ない場合は、植え床に対して直角にまき溝や植え溝を作る「横切り作条」が、効率のよい方法です。

畝の構造

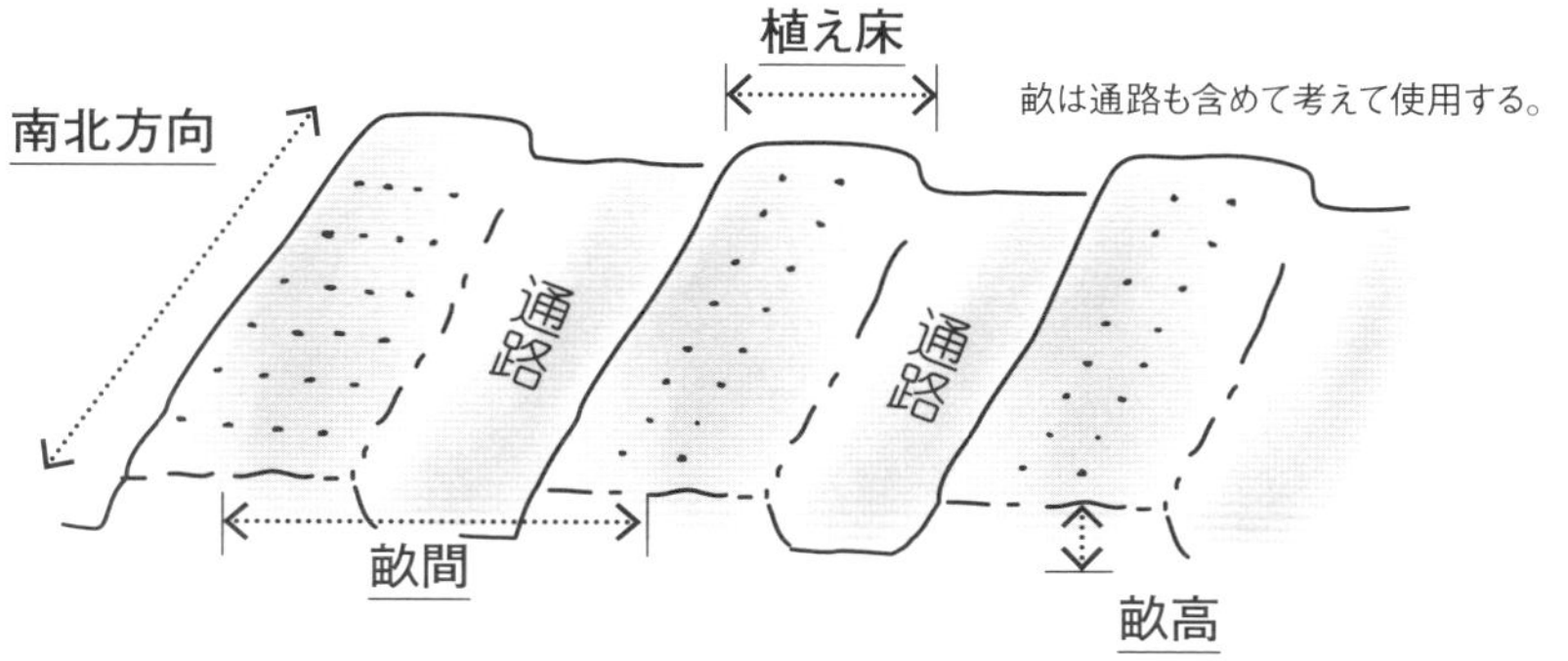

畝を作る

1㎡に1.5ℓほど堆肥をまく。

1㎡に150g～200gのぼかし肥料をまく。

1㎡に150g～200gのニーム油かすをまく。

鍬で全体を混ぜながら耕す。

幅70～100cm、高さ10～15cmの畝床を作る。

表面をレーキでならす。

鍬の背で鎮圧する。

この状態で2週間なじませてから、野菜作りを始める。

Q. タネから作る野菜と、苗から作る野菜の違いは何ですか？

A. 生育期間の長さや収穫量などによって分かれます

野菜の栽培方法には、畑に直接タネをまく「直播栽培」と、他の場所である程度の大きさまで育てた苗を畑に植える「移植栽培」があり、移植栽培のために苗を育てることを、「育苗」といいます。

育苗は、病害虫や雑草、低温や高温などの不良環境への抵抗力が弱い生育初期を、自然の影響を受けにくいハウスなどの栽培施設内で、集約的効率的に育てることを目的に行われます。また、育苗中に不良苗も淘汰できるので、畑でのロスを少なくすることにもなります。また、栽培期間が長くなる野菜では、畑での期間をなるべく短くすることで、災害リスクの低下と畑の利用率の向上にもつながります。

このように育苗のメリットは大きいですが、育苗のためのコストがかかる、苗を植えつける定植作業に労力がかかるといったデメリットもあります。したがって、単位面積当たりの栽植株数が多くなる場合や、収穫量が少なく低価格な野菜では採用されません。

現在ではトマト、ナス、メロン、スイカなどの果菜類が多く育苗され、葉菜類では栽培期間が長くなるキャベツ、ブロッコリー、タマネギなどで育苗が行われています。逆に、コマツナやチンゲンサイ、ハツカダイコンなどは生育期間が短く、栽植密度が高いため、育苗のメリットがなく、ほとんどが直播栽培です。

移植を嫌う野菜では直播栽培が行われます。例えば、タネから直接発根する直根を収穫するダイコンやニンジンなどは、移植で直根が損傷し収穫に影響するため、移

植栽培は行いません。他にも、サトイモ、ジャガイモなどのイモ類の多くは直播栽培です。 家庭菜園では、育苗がむずかしい野菜や育苗の時間がとれない人は、園芸店などで販売されている苗を購入して栽培することが一般的で、合理的です。例えば、トマトは育苗に70～80日くらいかかりますが、外気温がトマトの生育適温になる4月末から5月初めころにタネまきをするよりも、その時期に大きくなった苗を植えつけるほうが、収穫は早くなります。さらに、生育適温期間内での期間がより長くとれて収穫期間も長くなります。長い育苗期間の管理コストを考えればなおさら、メリットが大きいといえるでしょう。

主にタネから育てる

葉菜類

生育期間が短いものや、株数を多く作るものはタネから。

根菜類、マメ類

移植を嫌う野菜はタネから。

主に苗から育てる

葉茎菜類

栽培期間が長いなど、タネからだと手間のかかるものは苗から。

果菜類

育苗に手間がかかり、株数の少ない果菜は苗から。

Q. タネのまき方を教えてください

A. タネまきには大きく2通りの方法があります

タネから作物を育てるには、畑に直にまく方法（直播栽培）と、タネをポットなどにまいて育ててから定植する方法（移植栽培）の2通りがあります。直播栽培は、移植を嫌う作物（ダイコンやニンジンなど）や栽培期間の短い作物（ハツカダイコンやリーフレタスなど）が向いています。移植栽培は、栽培期間が長く、栽培間隔が広く直まきだと栽培効率が悪いものや、畑では管理がむずかしい苗に対して行います。キャベツやハクサイなどの大型の葉菜や果菜全般がこれに当たります。

まき方にはすじまき、点まき、ばらまきの3種類があり、作物に合ったまき方をすると、その後の管理がスムーズになります。育てる作物のタネ袋に、作物に合ったまき方が記載されています。

ジフィーポットへのタネまき

ジフィーポットはポットのまま定植できるので、植え傷みが少なく便利。

トレイに育苗マットを敷き、十分に湿らせる。

湿らせた土に湿らせたタネをまき、土を縁から5mm下まで詰める。

2にタネをまき、薄く覆土して軽く鎮圧し、静かに水やりする。

1のトレイに並べ、ラベルをつけて、乾かないように管理。

直まき

直まき 1 ばらまき

均一にタネをばらまき、間引きながら育てる。畑では緑肥や葉物野菜、コンテナではハーブや小型～中型の葉物野菜が向く。

重ならないように全体にまき、軽く覆土する。

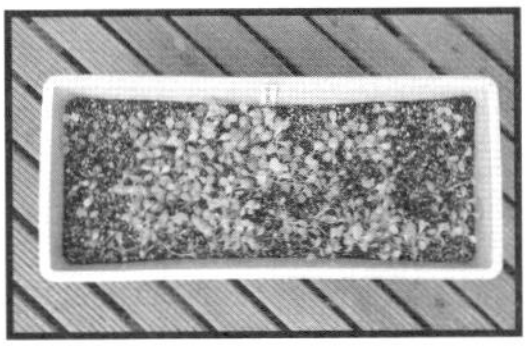

コンテナの例

直まき 2 すじまき

条状の浅い溝をつけ、溝にタネをまく。発芽後は適度に間引きながら育てる。小型の葉物野菜や根菜類が向く。

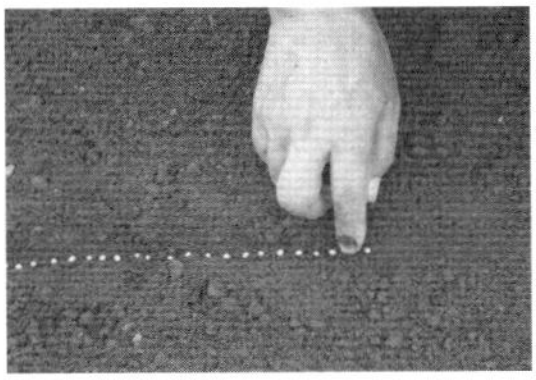

適当な板切れなどで深さ1～2㎝の条をつける。

コンテナの例

直まき 3 点まき

あらかじめタネとタネの間隔をあけ、穴をあけてまく方法。栽培する作物により間隔を変える。豆類や大型の葉菜などに向く。

底の丸い缶などで鎮圧し、2～3cmの浅い穴をつける。

コンテナの例

タネまき用土を作る

タネまきの用土は、市販のタネまき用土を使用するか、通常の培養土を網目の大きさが中～細かい目でふるってから使用する。細かい用土のほうが、タネが水分を吸収しやすい。

Q. タネをまく深さや間隔が、野菜によって違うのはなぜでしょうか？

A. 日光を浴びるとよく育つ野菜と、そうではない野菜があるからです

ダイコン、ネギ、タマネギ、ニラ、トマト、ピーマン、ナス、カボチャ、キュウリ、マクワウリ、スイカなどは、**光によって発芽が抑制される性質があるので、土中にしっかりと埋めます。このようなタネを「嫌光性種子」といいます。逆に、光によって発芽が促進されるものを「好光性種子」といい、**ミツバ、バジル、シソ、パセリ、ニンジン、シュンギク、インゲン、セルリー（セロリ）、コマツナ、レタス、ゴボウなどがあります。これらは光を感じるように浅くまきます。

胚が水分を得て成長し発芽するとき、多量のエネルギーを得るための呼吸をともないます。そのため酸素が必要になりますが、タネをまくときに土中深く埋めるとか、水中に沈めると酸素不足になり、うまく発芽しません。

どの程度の深さにタネをまくかは、野菜の種《しゅ》によって異なりますが、タネの大きさ（厚さ）の3倍程度を目安にします。畑に直接タネをまく直播栽培では、**タネをまく間隔は野菜が育ったときにどのくらいの大きさになるかで決まります。好ましい間隔は、隣の株と葉同士が触れ合う程度の株間。大きく育つ野菜は間隔を広く、小さいものは狭くします。**

例えば、小型の葉物野菜であるコマツナの最終株間は10cm程度ですが、ハクサイは40〜50cmと広くとります。同じハクサイでも、大きくなる晩生系品種は早生系品種よりも広くするというように、品種や育て方によって適切な栽植密度が変わってきます。

ただ、ニンジン、シュンギク、コマツナ、ハクサイな

どは、発芽率が低いので、1ヵ所にたくさんまきます。多めにまいて複数の芽が出ると、それぞれが刺激し合って早く大きくなろうとする「友育ち」という状態になり、初期生育はよくなります。とくにハクサイは、最終的な大きさから50cmの株間が最適である場合でも、50cm間隔で1ヵ所に4~5粒のタネをまきます。このまき方を「点まき」といいます。また、コマツナやニンジンなど最終株間が10cm程度と狭い場合は、10cm間隔に数粒をまくのではなく、タネが重ならない程度に連続してまき、徐々に間引いていって最終的な間隔にします。これを「すじまき（条播《じょうは》）」といいます。この場合、植え床全体にバラバラとまいて間引くバラまき（散播《さんぱ》）をしてもよいのですが、すじまきのほうがより一般的です。間引き以外にも中耕や除草、追肥などの栽培管理がしやすく、生育がよくそろうためです。

　一般的に、植物は群落を作り成長します。野菜栽培でも、多くの養分や資源を独り占めするような「一人生え」よりも、群で育てることが、全体としてよい結果につながります。

　生育初期は、「友育ち」効果を狙って間隔を狭めて育てます。接触の度合いが大きくなりすぎたら間引きを行い、隣同士で養分や太陽光の奪い合いが起こり、生育が悪くなるのを防ぎます。ニンジンのように初期生育が緩慢な野菜では、1回目の間引きを遅くして、2回目の間引きで株間を十分にとることがポイントです。

タネまきの違い

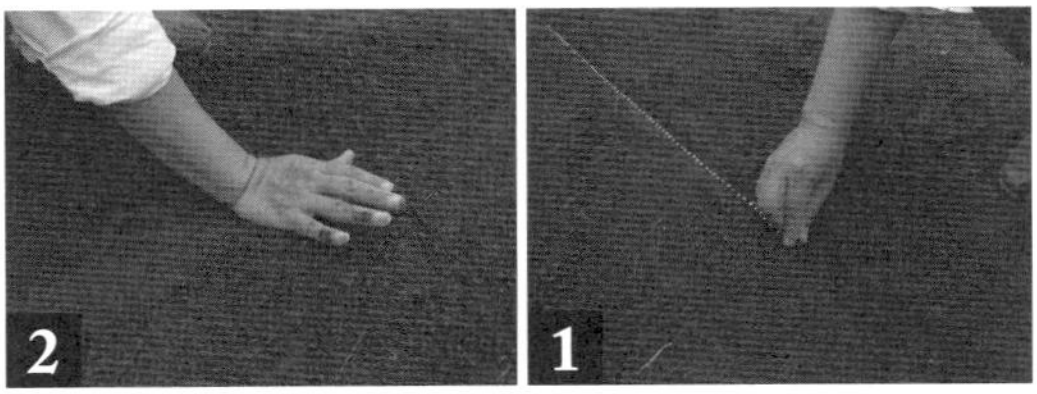

ニンジンのタネまきは、薄く覆土して鎮圧する。

ソラマメは、2～3cmの深さまでタネを差し込む。

Q. なぜ野菜によってタネをまく時期が違うのですか？

A. 野菜の品目や品種ごとに、発芽や生育に適する温度があるからです

どんなに品種改良が進んでも、野菜には種類ごとに生育適温があり、それを変えることはできません。どんな温度でも育つ野菜は現存せず、**野菜の品目や品種により発芽や生育に適する温度があります。野菜によってタネをまく時期が違う要因のひとつは、この発芽適温と生育適温にあるといえるでしょう。さらに、野菜によって生長速度が違うので、発芽から収穫までに要する期間が異なります。生育適温内に収穫を終わらせるために、いつタネをまくべきかを逆算すると、タネまきの時期が決まってきます。**

例えば、コマツナはタネまきから収穫まで30～40日程度を要します。キャベツは季節により異なりますが、90日～180日ほどかかります。キュウリはタネまきから最初の果実が収穫できるまで60日～80日ほど、トマトは100日～120日程度かかります。同じ野菜でも生育期間に幅があるのは、気温が高いほど生長速度が速く、収穫までの時間が短くなるからです。

現在は、ビニール資材などで被覆することで温度を確保するトンネルがけや、ハウス栽培が可能です。特にハウス栽培では、加温機で暖房する加温栽培などにより、生育適温を外れる環境のなかでも栽培ができるようになりました。ただ、基本的には、タネをまく時期は栽培地域の気温で決まります。四季の温度変化が大きく、南北に長い日本列島では野菜の栽培に適した気候が各地で異なり、タネまきの時期も異なります。野菜本来の基本的な生態的反応は、栽培するうえで無視できません。

Q. タネが鳥に食べられる心配があるのは、どんな野菜ですか？

A. マメ類やスイートコーンのタネはよく狙われます

畑でタネまき作業が終わって人が立ち去ったあとを見計らって、鳥がやってきます。マメ類やスイートコーンはよく標的になり、タネだけでなく、発芽初期の子葉が展開した状態の幼植物も引き抜かれてしまいます。

それ以外の野菜でも、鳥は一度味をしめると何度も食べに来ます。夏野菜ではトマト、スイカ、トウモロコシなどの果実、秋冬ではキャベツなど葉菜類の葉などが狙われます。餌となる樹木の実があるなど、畑の周辺環境の違いによっても変わりますが、**鳥害対策は一年中必要だといってよいでしょう。**

エダマメを含めた大豆は、直まきすると必ず被害に遭います。直まきせず、庭先などで、ポットで発芽させるのが手軽で安心な方法です。さらに対策をする場合、防鳥網で囲うと効果があります。

タネをまいたら、畑、コンテナともに、ネットなどで覆い、本葉が出るまで保護します。大型の鳥類に対しては、周りに糸状のものを張ることで、ある程度の侵入防止効果が期待できます。防鳥糸やテグスなど丈夫な糸を使い、鳥が翼を広げた長さ（約1m）に狭く張ると効果的です。また、鳥は、足に絡みつくガサガサしたものを嫌うので、タネまきした周りに、抜いた雑草や絡みやすい藁《わら》などを敷くのも効果があります。

Q. 苗の種類を教えてください

A. 一般的なものに、容器を使った「ポット苗」と「セル苗」があります

理想的な苗は、定植までに細かい根が数多く出て、土がしっかりと保持されているもの。このような苗は、定植後の活着と成長が速やかに行われます。根が土を抱いて鉢の形になっている状態を「根鉢」と呼びます。トマト、ナス、キュウリ、スイカなどの果菜類はポリポットで育てた苗を畑に定植します。キャベツ、ブロッコリー、カリフラワーなどの葉茎菜類はセルトレイ（小さな育苗鉢が連結したもので、根鉢が張りやすい）で育てた苗を使うのが一般的です。

従来は、畑の一角に苗床を設けて育苗した「地床苗」を、苗床から掘り上げて畑に移していましたが、植えつけ時の根鉢の崩れや植え傷みが問題でした。そのため、育苗中に何度か移植し、根を切ることで根の再生をうながして根の数を増やす方法がとられていました。しかし、複数回植え替えると直まきよりも生育が遅くなり、収量も少なくなってしまいます。

その問題を解決したのが容器を使った育苗方法で、「ポット苗」「セル苗」などと呼ばれています。家庭菜園で必要な株数が少ないときは、ポット苗かセルトレイごと購入するとよいでしょう。

ポット苗は、容器から出して畑に移し替えるときに根鉢が崩れず、根が傷みません。そのため定植後の活着がよいというメリットがあります。ポリエチレン製の軽くてやわらかいポットで定植まで育てます。育てる野菜の苗の大きさによって、ポットの大きさは変わります。大きさの種類は直径をもとに3号、5号などと呼ばれてお

り、野菜苗では直径9cm（3号）、10・5cm（3・5号）、12cm（4号）、15cm（5号）がよく使われます。育てる株数が少ない場合は、ポリポットに直接、数粒のタネをまいて、間引きながら1本立ちに育てます。ある程度の数の株を育てるときは、育苗箱に一斉にタネをまいて、よい苗を選んでポリポットに移植する方法がとられます。園芸店などで販売されているポット苗は、この方法で生産されています。

この場合、トマト、ナスなど育苗期間が長い野菜では、最終的に5号ポット苗にするときでも、まず育苗箱から3号ポットへ鉢上げし、3号ポットから5号ポットへの鉢替えを行う場合もあります。いきなり大きいポットに鉢上げすると、根がポットの中でまんべんなく広がりません。ポットの内壁に沿って底まで回ってしまうので、根鉢ができにくいのです。こうなると、しっかりした根鉢が形成されず、定植時に根鉢が崩れて植え傷みを起こしかねません。少しずつ大きなポットへ鉢上げ、鉢替えをするのは手間とコストがかかりますが、ポット内に根が回り、しっかりとした根鉢ができます。

育苗に場所と時間を要するポット苗の問題点を改良したのが、セルトレイで育てられたセル成形苗です。一株当たりの容積が小さく、根鉢の形成が早く移植しやすいことが利点となっています。野菜の育苗では、1トレイ（おおむね縦27～30cm、横58～60cm）当たり50穴、72穴、128穴、200穴、288穴のものがよく使われます。

苗の種類

ポット苗

ビニールのポットで育苗、販売される。苗の状態がよいほど、その後の栽培が成功しやすい。

セル苗（プラグ苗）

セルトレイという容器で育てられた苗。小さな育苗空間のため早く根鉢が形成され、トレイから楽に抜いてそのまま定植できる。効率的な管理が可能。

Q. 自分の畑に適した野菜は、どう選べばよいですか？

A. いろいろな野菜を自分の畑で栽培してみるのが、一番の近道です

まずはいろいろな種類の野菜を作ってみることです。その野菜の一番作りやすい旬の時期に栽培することが重要です。おいしい野菜がある程度収穫できたら、病害虫の発生も少ないはずなので、自分の畑に適した野菜です。畑に適するかどうかはその畑で試してみるのが一番よい方法です。

ただ、最初からある程度、適不適の見当をつけておくことは大切でしょう。その際に注目するのは、畑の土の水分状態です。30〜40㎝掘ると水がにじみ出てくるような多湿の畑に適しているのは、サトイモ、ミツバ、セルリー（セロリ）などで、乾燥に弱いシュンギク、ニラ、パセリなども試してみるとよいでしょう。逆に適さないのは、サツマイモ、トマト、長ネギ、ホウレンソウ、ダイコン、ニンジン、ゴボウ、カボチャなどです。多湿の畑では、排水をよくするための溝を作る、高畝にするなどの対策が必要ですが、まずは多湿を嫌う野菜は避けるのが無難です。

次に注目するのは畑の日当たりです。強い太陽光線を好む野菜は、トマト、スイカ、スイートコーン、サツマイモなど。一般的に果菜類は日陰では生育が悪く、よい花が咲かないため、おいしい果実が採れません。

少しずつ、いろいろな野菜を試してみるとよい。

Q. よい苗の見分け方を教えてください

A. 生長点、子葉の様子に注目しよう

「苗半作」という言葉があります。苗の良否によって作柄（農作物のできや収穫量）が大きく変わるといった意味です。特に果菜類の場合、苗の段階で将来の果実になる花芽ができるため、よい苗を選ぶことは、品質や収量を高めるために大切なことです。

苗を選ぶ際に、まず注目すべきは生長点です。苗の一番高いところにあり、これからさまざまな器官を分化しながら成長していく場所で、新しい葉が開きつつあるところです。苗の先端の中心にある新芽がしっかりとしていることを確認します。

次に注目するのは子葉です。子葉がついているかどうか、その子葉が黄変せずに元気かどうかを確認します。節間が極端に短くもなく伸びすぎてもいない苗で、草丈が極端に長いものは避けます。さらにトマトやナス、ピーマンなどのナス科の果菜類では、しっかりした花が咲き、蕾の場合は、大きくふくらんでいるものを選びます。全体的な草勢では、下方の葉が小さいもの、苗全体の形が逆三角形のものは避けます。病斑、病痕の有無も確認し、特に茎の地際に病気があるものは、株全体が枯れる可能性があります。

苗の見分け方

葉菜の苗

根がしっかり張り、葉がだらしなく伸びてないもの（左）がよい。

果菜の苗

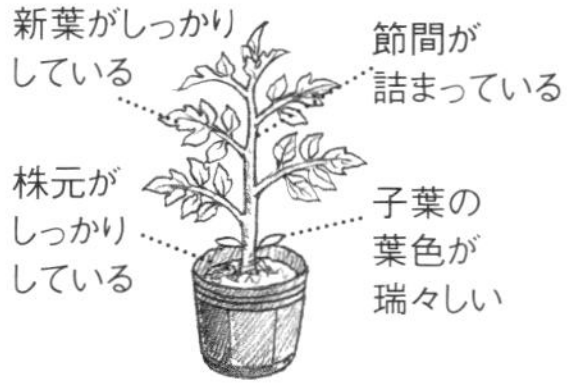

Q. 苗の植え方を教えてください

A. 十分に吸水させてから植えます

苗の植えつけは、曇りで風のない日が向いています。

強光や強風などのときに植えると、苗がしおれ、傷みます。苗は十分に吸水させ、植え穴やコンテナの培養土はよく水分を含ませておきます。根鉢は崩さず、深植え（根鉢の肩が必要以上に埋まること）に気をつけ、果菜の苗などは必ず仮支柱を立て、苗を安定させます。

果菜類の苗には支柱を

苗を支柱で固定すると、根が張りやすくなる。

8の字を描くように、茎と支柱をゆとりをもたせて固定。

畑への苗の植え方

1 苗をポットごと静かに水に沈め、吸水させる。無理には沈めない。

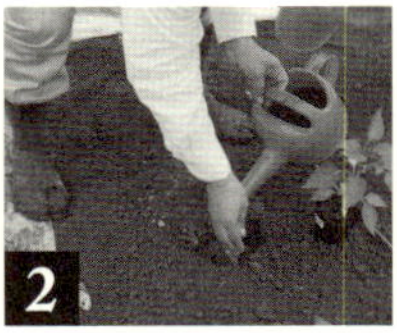

2 植え穴にたっぷりと水を注ぐ。

3 根鉢を崩さないようにポットから出す。

4 株元をしっかり押さえ、苗と畑の土面を同じ高さにして植える。

5 植えた苗の周囲に静かに水やりする。

6 仮支柱を立て、苗と支柱を八の字に結束し固定する。

コンテナへの苗の植え方

3

苗を植えたら、根元に左右から土を寄せる。

1

鉢底石を2㎝入れ、培養土を入れ、ウォータースペースを4cmとる。

4

支柱を立てて苗を固定し、鉢底から水が出るまでたっぷり水やりする。

2

根鉢を崩さないようにポットから苗を出して植える。

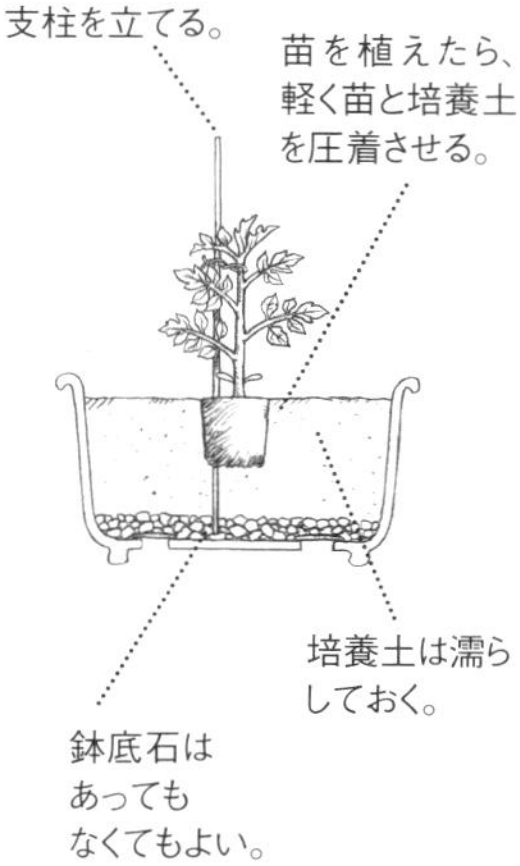
支柱を立てる。
苗を植えたら、軽く苗と培養土を圧着させる。
培養土は濡らしておく。
鉢底石はあってもなくてもよい。

浅く植えても深く植えてもダメ

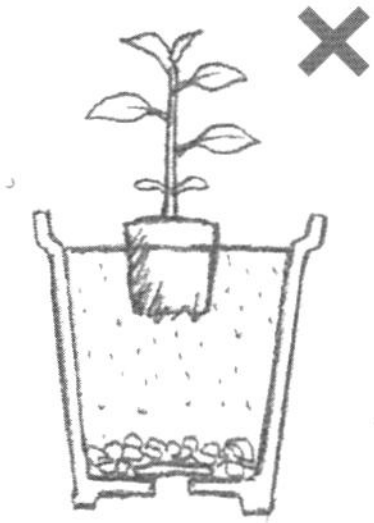
×

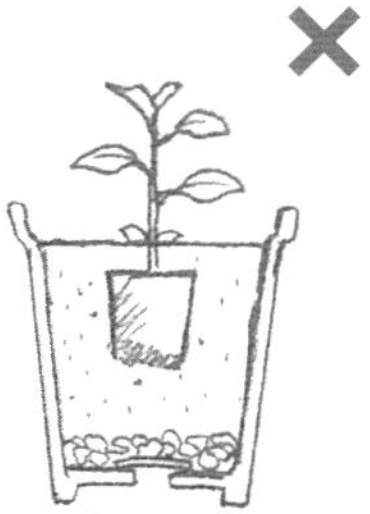
×

苗の植えつけは、畑でもコンテナでも、苗の高さと土面を同じにする。

Q. ジョウロの水やりは、なぜ目の細かいハス口がよいのでしょうか？

A. タネを流したり若苗を傷つけることなく、しっかり水分を届けられるからです

畑で水やりが必要なのは、タネをまいたときと、苗を植えつけたときです（天水に頼る露地栽培では、生育期間中の水やりはほとんどしません）。

ジョウロを使って水やりをする場合、ジョウロの先につけるハス口は目の細かいものが適しています。水やりのときに苗や土に大きな水滴が当たると若苗は傷つきますし、土の表面に当たると表土が流されるなど畝《うね》が傷つきます。また、大粒の水滴が勢いよくかかっても、水は畝面の表面を流れて通路に流れ落ち、当面必要である苗やタネの周辺に届いてくれません。水やりには、水が霧かシャワー状に出るジョウロを選ぶとよいでしょう。土の表面が小面積の場合のタネまき直後や、若苗への灌水（水やりすること）、コンテナ栽培の灌水では、霧吹きで土の表面や若苗の葉にかける方法も有効です。

水やりの量は、タネまき後はたっぷりと与えます。苗の植えつけ後はしおれない程度の少量にしますが、植えつけの数日前から前日までの間に畝に水をまいておくこと、植える直前に苗を水につけて、根鉢に水分を含ませておくことが前提です。植えつけ直後の水やりの目的は、根鉢を土になじませることなので、植えた株に直接水がかからないようにハス口を外します。指先で水量を調節しながら、根鉢の外側辺りにぐるりと与える方法もよく使われます。

根づいてからの水やりは、降雨が1週間以上ないときや、高温乾燥期で、地表から5㎝くらいまでからからになっている場合に行います。たくさん与えすぎると、土の中の空気の層が少なくなる酸素欠乏や、根腐れを起こ

すなどの障害の原因にもなります。

水やりは、夏は夕方に行い地温を下げましょう。冬は地温が上がり始める朝から午前中に行うとよいでしょう。根を伸ばすには、一度にたっぷり与えて、頻繁に行わないのがコツです。目安は、1回の水やりで5～6㎝下くらいまでしみている程度。与えすぎないように注意しましょう。

水分が切れると根は活性を失い、養分の吸収も悪くなり株が弱ってきます。野菜を健康に育てるためには、水やりだけで対処するのではなく、敷きワラやポリマルチ、草マルチ、敷き草などで乾燥を防ぎ、土のなかにある水分も使うようにすることも大切です。

鉢やコンテナでの栽培は、保水量が限られているので、表土が乾き始めたら、鉢底から水が出るまでたっぷりと水やりをします。

ハスロ

目の細かいものがよい。

コンテナの水のやり方

通常の水やり

目の細かいハス口の柔らかな水流で、静かに水やりする。コンテナの水やりは、鉢底から水が出るまでたっぷりやる。

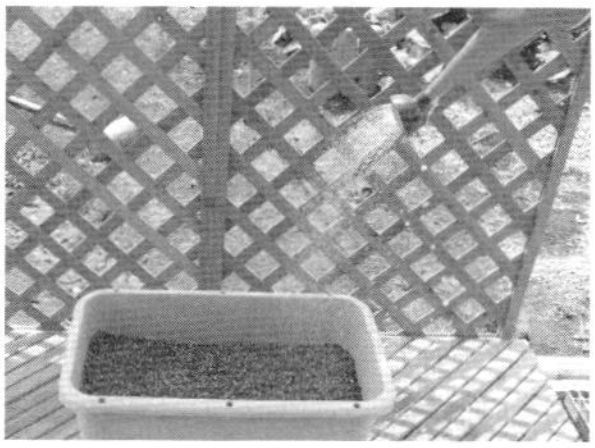

泥はねしない水やり

ハス口をはずし、手で水の勢いを抑えて水やりする。泥はねによる病原菌の拡散防止。

吸水

植えつけ前の苗や、水切れした苗は、株ごとバケツなどに張った水に静かに沈め、水を吸わせる。根鉢が自然に沈むまでまつのがポイント。

Q. 畑でも、真夏は毎日水をやったほうがよいですか?

A. 基本的には不要です。土壌には植物を育てるための保水力があります

真夏の高温期は雨が少なく畑は乾燥するので、水やりは毎日するべきだと思う人も多いでしょう。高温で土壌中の水分は地表面から蒸発しやすく、作物も体温を下げるために蒸散を多くするので、水分が足らなくなると考えがちです。しかし、土壌には植物を育てるだけの水を維持する保水力があります。異常に降水量が少ない、水はけがよすぎて乾燥しやすいといった環境であれば別ですが、夏だからといって水をやりすぎてはいけません。

作土層(耕作が行われる部分)は畑の表層にあり、植物の根は養分や水分の大部分をこの層から吸収します。作土層の水はその下方にある地下水とつながっていて、作土層が乾燥すると、毛管作用により地下水から水が上がってきます。水の通り道である毛管は土壌粒子間の孔隙がつながることで形成されます。毛管の太さは土壌粒子の大きさや団粒構造の違いによりさまざまで、水を保持する力もさまざまです。

雨が降った直後は、土壌粒子のすき間がすべて水で満たされた状態になり、その後水は次第に重力によって下降し、あいたすき間には空気が流入します。作土層の水は常に重力で下方に引っ張られていますが、毛管水は表層付近で重力に逆らって、小さなすき間に保持され植物に利用されます。大きなすき間は空気に入れ替わるので、小さなすき間がよりたくさんあるほうが保水力は高くなります。

作土層には、この他に土壌粒子に化学的に結合して植物には利用できない水もありますが、植物の根が利用で

きる有効水分は、毛管作用によって吸い上げられた毛管水（地下水）や、雨水が通ったときの水、夜、冷やされてた水蒸気が凝結した水滴などです。この中で多くの量を安定的に利用できる水は毛管水です。

さらに、アカザ科、アブラナ科以外の植物の根には、菌類の仲間の菌根菌（※AM）が共生し、水とリン酸などの養分を植物に与えていますが、菌根菌は広範囲から水を集めて植物に供給することが知られています。

このように、畑の水の供給源は降雨だけではなく、露地畑では地表面が乾燥しているように見えても、土壌中には水分がある程度保たれる仕組みがあり、根も水分のあるほうへと伸びていきます。毎日水やりを行い、株の周辺に常に水分があるような状態では、根が水分のある土中の深いところまで伸びなくなるため、結果として乾燥に弱くなります。

これらの理由から、**真夏だからといって、水やりは毎日行う必要はありません。午前中に葉がしおれ気味だったら暑くなる前に行うか、晴天が続くようならば週に1〜2回、土が高温になる日中は避けて、夕方にたっぷりと行いましょう。作物を、乾燥に強く丈夫に育てることにつながります。**

ただし、コンテナ栽培は、地下水がなく毛管も発達していないので、水分不足になりやすい栽培環境です。水やりは重要な水の補給源です。コンテナの大きさにより異なりますが、ほぼ毎日の水やりが必要です。水やりの際は、鉢底から水が出るまでたっぷり与えます。

団粒構造のイメージ

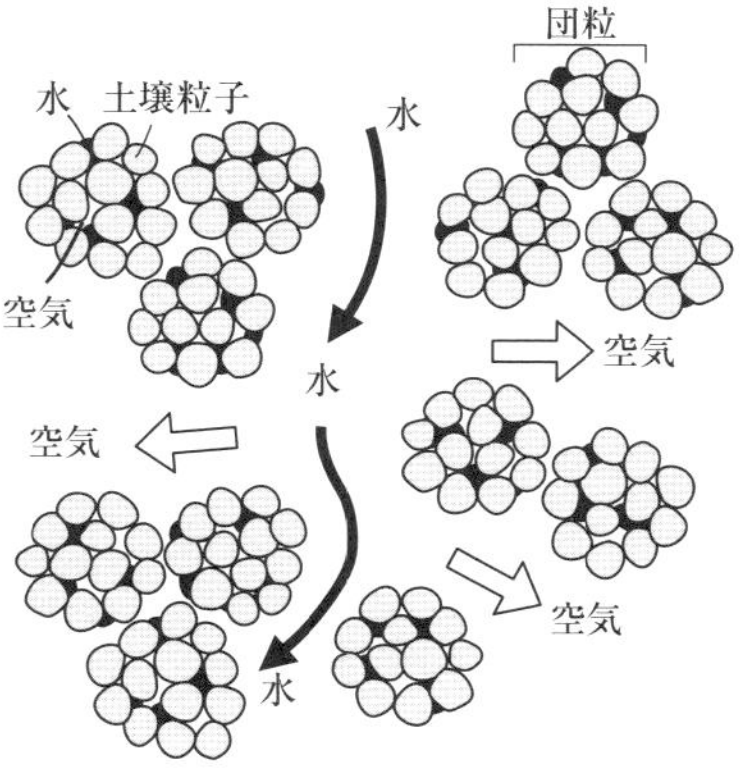

団粒は植物や土壌中の微生物や小動物などが分泌する粘着性の物質やミミズのふんなどから作られる。

※AM（アーバスキュラー菌根菌）……植物の根に共生し、エネルギーをもらう代りにリン酸を供給する。

Q. 乾燥に気をつけたい野菜は何ですか？

A. 多湿な環境でよく育つ野菜は、乾燥に弱いです

ミツバ、サトイモ、セルリー（セロリ）、フキ、ナス、ソラマメ、リーフレタスなど、**湿り気を好む野菜を栽培する際は、乾燥に注意します。**

一般的に、地表に広く浅く根を張る野菜は乾燥に弱いものが多いです。イチゴ、アスパラガス、シュンギク、ニラ、タマネギ、エダマメ、カブ、ミョウガ、キュウリなどです。ただ、アシタバやパセリのように、直根性（乾燥に強いことが多い）であっても乾燥に弱い野菜もあります。これらの植え床は高畝にしないほうが無難です。

エダマメやラッカセイなどマメ類には、開花時期に乾燥すると実入りが極端に悪くなるものがあります。これらを育てるときに晴天が続くようなら、開花前後の水やりが必要です。

なお、浅根性の野菜は乾燥に弱いといっても多湿に強いわけでもありません。頻繁な多湿・乾燥が繰り返される状況は、根の発育に悪影響を及ぼすことになるので好ましくありません。

作物を育てるときは、品種にも気を配りましょう。トマトやナスなどは接ぎ木苗に、農薬を使いたくないなら、耐病性のある品種か、栽培期間の短い品種にします。

Q. 冬の乾燥が心配です。水をやらなくてもよいですか？

A. 土壌は水分を保持しているので、毎日の水やりは不要です

地表面が乾燥しているように見えても、**土壌は一定量の水分を保持しているので、夏場と同様に、毎日水やりをしなくても大丈夫です。**むしろ、毎日水やりすると土壌の上層が過湿になり、根が下方に伸びません。根菜類では直根が伸びなくなり、生育障害となります。

タネまきや植えつけの直後は、根と土をなじませ土を落ち着かせるための水やりは必要です。その後は、おおむね水やりは不要です。

なお、**コンテナ栽培では定期的な水やりが必要ですが、**冬期は植物の生育が緩慢なため、水やりは控えめにします。野菜の種類や生育状況によりますが、**1週間に1～2回でよいでしょう。**

条件によりますが、苗が小さいうちは3～4日に1回の水やりが必要です。本葉が出て、葉が大きくなったら、水やりは必要ありません。

Q. 間引きのタイミングに、迷っています

A. 野菜の特性、成長に応じた1～3回のタイミングを知っておこう

「友育ち」とは、タネを多めにまくことで発芽がよくそろい、生育初期をある程度密生させることで、順調に育てることです。そのため、必要以上に多くのタネをまきますが、**生育の進み具合に合わせて、養水分や受光での競合を避けるために間引きを行います。間引きにより、生育をそろえることができ、奇形など通常の姿とは異なったものを取り除くこともできます。**

間引きは、その後の順調な成長を助けるために行うものなので、作業時期は重要なポイントです。間引きの時期が早すぎると、初期生育が遅れて、気象条件の影響も受けやすくなってしまいます。病害虫の被害で欠株が生ずるなどの弊害もあります。逆に、間引きが遅れると、茎葉が徒長して、その後の生育に悪い影響を与えます。

間引きは通常、成長に応じて数回行います。最初の間引きには、タネまきの精度を調整する意味合いがあります。発芽がそろい子葉が開ききったときに、タネが重なって発芽した部分や、子葉が重なって密集している部分を解消するために行います。

2回目は、本葉が2～3枚のころ、形が悪いものや病害虫に侵されているものを間引きます。その後、成長にしたがって随時行い、隣同士の葉がわずかに触れる程度の間隔を作ります。このころは友育ち期間を過ぎてしっかりと成長させる時期です。日当たり、通気に注意して養水分が競合しないようにします。そして、本葉が5～6枚のころに最終株間にします。なお、ニンジンなどタネが小さくて、発芽が悪い野菜は厚まきにしますが、こ

のような野菜は友育ちの効果が高く、早すぎる間引きは逆効果になります。この場合、1回目の間引きは遅めがよく、本葉が1～2枚のころに株間2～3㎝程度にします。ダイコンはタネが大きいので、1ヵ所4～5粒ずつ点まきし、最終間引きは、本葉が4枚になるころまでの「初生皮層はく脱期（根の基部の皮層に裂目が生じ始めるころ）」に1本立ちにします。

すべての間引きに共通のことですが、間引くときは残す株の根などを傷めないように、株が小さいときはハサミを使い地際で切り倒します。そして間引き後は、必ず土寄せを行い、株が倒れたり、胚軸部が風などで動いて傷ついたりしないように養生します。

間引きの方法

間引く苗は、箸や手、ピンセットで、他の苗の根が動かないように丁寧に抜きます。

間引き ラディッシュの例

※各野菜の間引きの適切なタイミングはおおよそ決まっているので、タネ袋や本などで確認するとよい。

1回目

本葉2枚のとき、2cm間隔に間引き、土寄せ。

2回目

本葉が3～4枚のとき、株間3～4cmに間引き、土寄せ。

3回目

本葉が4～5枚のとき、株間6～7cmに間引き、土寄せ。

4回目

本葉が7～8枚のとき、間引き収穫し、土寄せ。

Q. 肥料は必要でしょうか？

A. 栄養分の不足を補うために、肥料は用いたほうがよいでしょう

植物が育つためには栄養が必要ですが、肥料を必ず使うべきかどうかは、また別の話です。

自然界の植物は、自然生態系の営みのなかでの物質循環によって養分が供給されるので、肥料など外部からの投入がなくても育ちます。植物が必要とする栄養分は、植物の落枝、落葉、大小動物のフン、動植物・微生物の遺骸など、さまざまな有機物を分解する小動物や微生物の生息過程で作り出されていきます。このように自然界には生物が育つ仕組みがあり、とりわけ土には植物を育てる力があります。この力を地力といいます。

一方、畑は、土壌に生息する小動物や微生物などの生き物が自然界より圧倒的に少なく、落枝、落葉はなく、収穫物は外部にもち出されるなど、土壌に入る有機物は少ないので、物質循環による養分の供給は、野菜が育つほどの量にはなりません。

したがって、**現在の農業技術では、栄養分の不足を補うために肥料は必要と考えます。しかし、肥料を与えるにしても、直接、栄養分を野菜に与えるというだけではなく、土壌のなかの生態系を活発にするために有機物を与えるという考え方も成り立ちます。**前者は即効的に野菜の成長に寄与し、後者は地力を高めます。栽培が人工的になればなるほど、自然界の持つ生態系を維持する機能は失われていき、自然の営みが不安定化します。この両者のバランスを考えて、肥料の種類や量を決めるのが最善です。ちなみに、化学肥料は即効的、堆肥や有機質肥料は地力を介しての貢献と考えるとよいでしょう。

Q. 追肥には、どんな肥料を使うとよいですか?

A. 速効性だけを求めず、有機肥料などを使用しましょう

追肥は、すぐに効果が出ることを期待するケースが多く、速効性が高く扱いやすい化学肥料をすすめる傾向があります。ただ、速効性の高い肥料は水に溶けやすいので、水やりなどで流亡しやすいこと、土壌が乾燥したときに土のなかの肥料濃度が上がって肥料やけを起こしやすいといった欠点があります。その点で、化学肥料ならば「IB化成肥料」などの緩効性肥料が使いやすく、追肥回数も少なくてすみます。有機肥料ならば、ぼかし肥料(発酵させて作った肥料)を使います。

おすすめの追肥

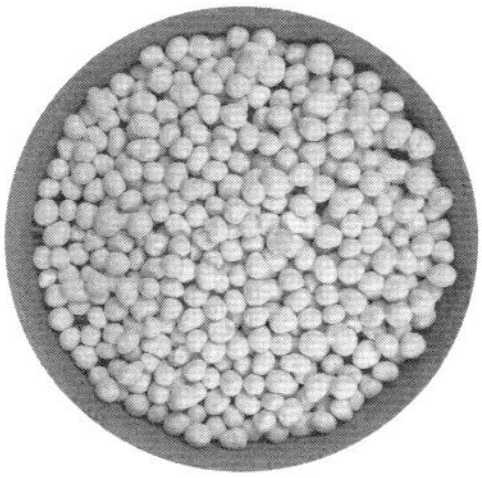

IB化成肥料

ゆっくり効くので使いやすい。

有機液体肥料

化学成分を使用せず、有機質成分で作った液体肥料。水で希釈して与える。葉面散布も効果がある。

ぼかし肥料

数種類の有機質原料を混ぜて発酵させた肥料。肥料成分に偏りが少なく、使いやすい。自分で作れるが、市販のものが便利。肥料成分量は、原料の組み合わせにより異なるので、用途に合ったものを選ぶ。

ニーム油かす

ニームオイルの搾りかすを主体にした肥料。害虫の忌避効果もある。

Q. 肥料の与え方を教えてください

A. 施肥の時期、希釈率や量を守ります

肥料には、作物を栽培する前に土に混ぜる元肥と、植物の成長に合わせて与える追肥があります。土が保持できる肥料成分の量には限度があるので、元肥では土が保持できる量まで入れて、生育途中で不足したら追肥で補います。**野菜や肥料ごとに適量や回数が異なるので、説明書をよく読んでから与えます。**

元肥は作物を育てる前に、畑や培養土に規定量をよくかき混ぜておきます。固まっている肥料が根に当たると、根に障害が出ることがあります。特にダイコンの場合、根の下に肥料があると、また割れの原因になります。

追肥は与える場所が重要です。畑では、液肥は根の先がありそうなところや株元に与えます。固形肥料は根の先より少し離れたところに置くことで、根が肥料を求めて動いていきます。コンテナの場合は、液肥は水やり代わりに、固形肥料はコンテナの縁に置きます。

植物が有機質肥料の成分を根に取り込むには、微生物の分解を必要とします。しかも、すべての有機物の分解には長い時間がかかるので、すぐに効くのは施した肥料の一部です。このため、有機質肥料は、作物が育っている期間だけではなく、畑のあいたときなどに適宜施します。

置き肥は根の少し先に

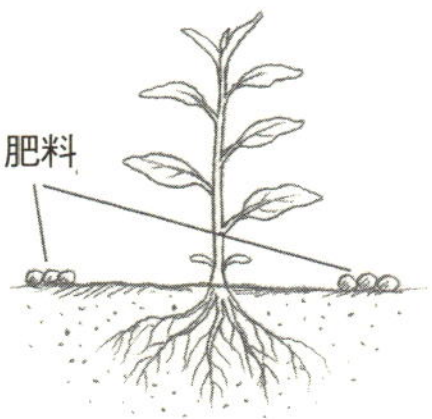

根の少し先に肥料を置くことで、肥料を求めて根が伸び、健康な株になる。

固形肥料を追肥する

コンテナでは、株元から少し離して置く。

畑では、株元から少し離れたところにまいて土と混ぜる。

元肥として畑の土やコンテナの培養土に混ぜる

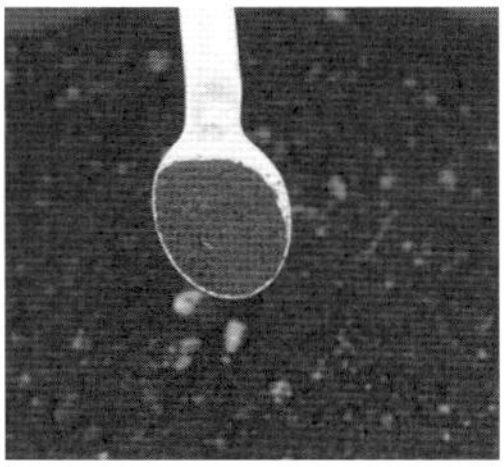

コンテナでは、植えつけ前に適量を培養土に入れ、よくかき混ぜる。

畑では、畝立てのときなどに適量を土にまいてすき込む。

液体肥料を追肥する

使用作物や使用方法に合わせて水で希釈し、土に灌水するか、葉面散布する。

1

300倍に希釈する場合、水1ℓに対して3mlを量る。

2

水を先に入れ、原液を入れ、よくかき混ぜる。

3

コンテナでは、水やり代わりに与える。

3

畑では、根の先や株元に与える。

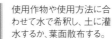

Q. 栽培の主な作業を教えてください

A. ひと手間をかけることで、味に差が出ます

野菜の栽培では、間引きや土寄せなどの他にも、芽かき、誘引、摘心、下葉の処理などがあります。**的確な作業によって、野菜の成長を助け、栄養が作物に集中し、風通しや日当たりもよくなり、病害虫を防ぐなどの効果が上がります。**

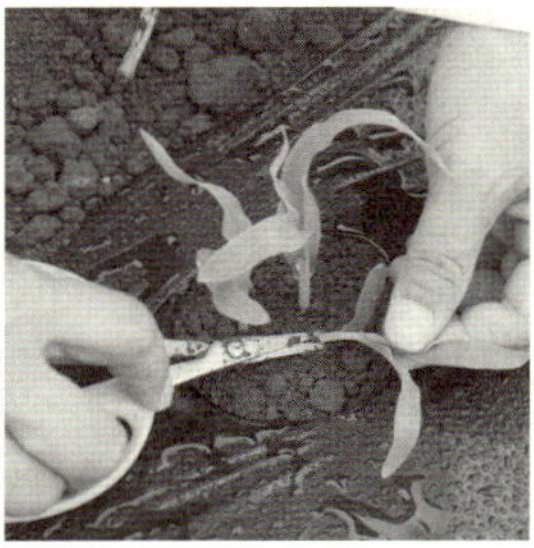

間引き

苗を友育ちさせ、よい苗を残す。

支柱立て

苗を固定し、枝の誘引を容易にする。

敷き藁

マルチングの一種。高温時はプラスチックマルチの上に敷き藁をすることもある。自然素材。

マルチング

土面を被覆して保温、保温、雑草防止など。

米ぬかをまく

優良な菌を増やし、病原菌と競合させて病気を予防する。

主な栽培作業

野菜ごとに、しなければならない作業があります。確実にこなしましょう。

ネットがけ

防鳥、防虫、防寒などに使用する。

誘引

枝を保護し、伸びる位置をコントロールする。

芽かき

主枝に養分を集中し、茂り過ぎを防ぐ。

下葉の処理

役目を終えた葉を除き、病害虫を防ぐ。

摘果

よい果実を得るための、幼果の間引き。

人工交配

自分の力では受粉しにくい野菜に行う。

雑草取り

特に野菜の生育初期に放置すると野菜の日照を悪くする、養分を取るなど悪影響がある。

摘心（ピンチ、心止め）

頂芽を摘んで、上に伸びるのを止める。

中耕

表土を軽く耕し、通気性と水はけをよくする。

Q. 野菜によって土寄せの仕方は違いますか？

A. 倒れやすい野菜など、特性によって注意すべきポイントは異なります

土寄せの目的はいくつかありますが、共通するのは、株が倒れないようにしっかりと立たせることです。倒れると生育が遅れたり、病害虫の発生リスクが高まったりと、多かれ少なかれ弊害が出ます。

スイートコーン、ブロッコリーなど上根が発達する野菜は倒れやすいので、根の量を確保する土寄せは重要です。これらは生育初期の段階から行うことがポイントです。同様にイモ類も含めて根菜類も、収量を確保する意味で土寄せは重要ですが、根が太り始めたころ、あるいはイモができ始めるころから行ないます。時期が早すぎると、地温の低下などにより成長が遅れることがあります。ジャガイモは種イモの上部に新しいイモができますが、最初から深い位置に置くと。初期生育が悪くなります。

ニンジンやジャガイモは、根やイモが露出し太陽光に当たると緑化します。とくにジャガイモの緑化は、神経毒性のあるソラニンを、表皮の緑色部分に多量に生成するので禁物です（ニンジンには毒はない）。ニンジンは間引き時、ジャガイモは芽かき時にしっかりと土寄せを行うことで、防ぐことができます。

間引き後の土寄せ

間引きの後は苗が不安定になるので、両側やあいたところにしっかりと土を寄せ、苗を固定する。

根菜類の土寄せ

生育初期に根元が土から出ると、倒伏したりまっすぐ伸びなくなる。ジャガイモなどは肩が出ると緑色になるので注意。

Q. 高温の日は地面の温度が上がるので、心配です

A. 熱対策として、藁《わら》や草などによるマルチをしましょう

プラスチックマルチ（ポリマルチ）は、フィルムの色により地温の上昇の度合いが異なります。**シルバーや白など太陽光を反射する、あるいは黒のように吸収することで太陽エネルギーが地面に入るのを抑えるため、地温の上昇が抑えられます。**

しかし、畝《うね》全体を被覆しているために地面からの放熱が抑えられてしまうので、夏期は、できるならばプラスチックマルチを外して、藁や草などによるマルチに代えるとよいでしょう。

雑草抑制、水分管理などの目的でプラスチックマルチが外せない場合は、マルチの上に藁や枯草を敷くことで、その弊害を抑制することができます。

マルチング

畝や作物の根元を藁などの資材で覆います。

乾燥を防ぐマルチング1

ニンジンなどは乾燥を嫌うので、タネまき後厚さ5mmほどもみ殻を敷く。

地熱を防ぐマルチング

畝が隠れる程度に敷き藁をして地温を下げる。

乾燥を防ぐマルチング 2

長ネギの植えつけでは覆土が薄いので、敷き藁で乾燥を防ぐ。

Q. 支柱の立て方を教えてください

A. 基本の支柱の立て方は4つ。効率よく枝を広げ、収量をアップします

支柱には、株を支えて倒れないようにする、日当たりと風通しを確保する、畑の栽培効率をよくするなどの役割があります。それぞれの野菜の仕立て方に合った支柱にします。合掌式は強度がありますが、上部が枝葉で混みます。

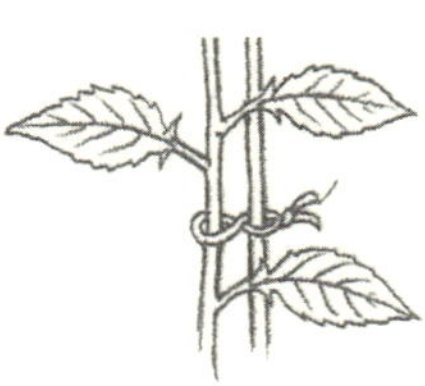

ひもの留め方

果菜類は枝が伸びて果実が成るので、倒れたり折れたりしないように、支柱を立ててしっかり誘引する。その際、枝と支柱を8の字に結束し、枝が太っても食い込まないようにする。

【スクリーン型のサポートタイプ】

つるなしインゲンなど倒れやすいものなどに使用する。作物の北側や背面などに、両端に支柱を立て、ひもでつないで作物を支える。

南側を背にして長さ50～70cmの支柱を立てて麻ひもを結ぶ。

中間点に同様に支柱を立て、麻ひもをゆるまないように張る。

1の反対側も同様に支柱を立て、麻ひもをゆるまないように結ぶ。

平行型の中期収穫タイプ

インゲンマメやエダマメなどのように、1〜3ヵ月で収穫する小型の果菜に適した支柱。株の前後面に支柱を組み、面で株を支える。

草丈が伸び、葉や茎が暴れ出したら、角に70cmの支柱を立てる。

90cmの支柱を斜めに交差させ、中央に70cmの支柱を立てて結束する。

前面も後面と同様に支柱を組む。結束は、麻ひもなどを使うとよい。

シンプルな合掌式タイプ

トマトやミニトマトなどの主枝1本仕立ての果菜類が効率よく作れる。200〜240cmの支柱を上部で交差させ、横に支柱を渡す。

支柱を左右にもって深く畑に差し、同じ幅で反対側にも1組の支柱を差し、交差部を固く結ぶ。

両端の支柱の上部に支柱を渡し、交差部で固くしばる。

補助支柱を両端の支柱の対角線上になるように差し、固く結んで支柱を固定する。

交差型の安定サポートタイプ

ナスやピーマンなど複数の主枝を仕立てる作物に向く。3本の支柱を等間隔で交差させ、3本の主枝を仕立てながら誘引する。

植えつけ直後は1本の仮支柱を立てる。

草丈が伸びてきたら120cmの本支柱2本に差し替える。

枝が伸びてきたら3本目の支柱を根が傷まないように差し、枝を誘引する。

Q. 交配の方法を教えてください

A. 人の手で、雄しべと雌しべをくっつけます

果菜は花が咲き、受粉することで実がなります。自分の力で受粉できるものはよいのですが、**作物によっては雄花と雌花が分かれているもの、昆虫の助けが必要なものは、人が助けることで受粉しやすくなります。**その際、花に成長促進剤を散布する方法もありますが、薬剤の使用は好ましくありません。

なお、他家受粉が中心のスイートコーンは一定以上の株を植えないと受粉しにくく、歯の抜けたような実になってしまいます。

[トマトなど]

花を軽くたたいて揺らすことで、花粉が落ちて受粉がしやすくなる。

[カボチャ、スイカやメロンなど]

雄花と雌花がある作物は、雄花の花粉を雌花につけます。1つの雄花で2花くらいの雌花に花粉をつける。カボチャは別の株の雄花の花粉で受粉させないと着果しない。

[イチゴなど]

ハチがいないなど自家受粉しにくいものは、人の手や毛筆などの先で花をなぞり、受粉する。

Q. 収穫の方法を教えてください

A. 収穫が遅れないようにします

収穫は、それぞれの野菜の収穫適期を逃さず、できれば朝早くに行います。1つずつ（少しずつ）収穫する作物と、一度に収穫する作物があります。 収穫適期は種類や品種、時期により異なり、例えばコマツナは、夏まきは20～30日、秋まきは40～50日で収穫できます。果菜類は開花後（受粉後）の日数でおおよそ判断できますが、やはり品種や環境により異なります。ダイコンは収穫が遅れるとスが入るので気をつけます。

多くの野菜は採れたてがおいしいものですが、たくさん収穫できたときの処理や保存を考えておきましょう。ジャガイモやラッカセイは、収穫後日陰で乾かします。カボチャなど、収穫後に追熟させるものもあります。

少しずつ収穫する

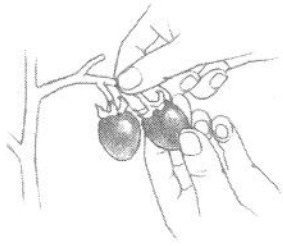
ミニトマトは熟した果実から収穫。

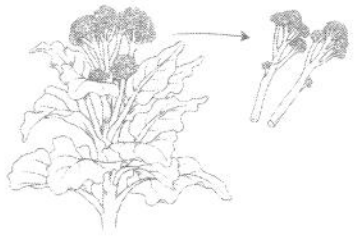
茎ブロッコリーは適度な長さになったものから収穫。

リーフレタスは外葉から収穫。

一度に収穫する

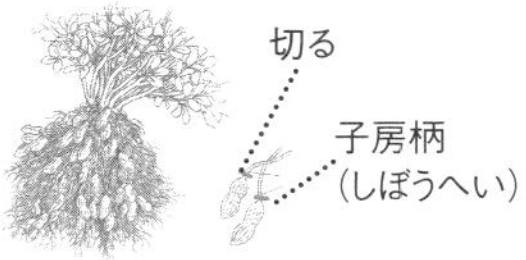

ラッカセイは一度に掘り上げて2～3日陰干し、1つずつに分ける。

ニラは地際2～3cm残して収穫。

Q. 多品目を少しずつ作るのと、単品目を多く作るのは、どちらがよいですか？

A. 家庭菜園なら、いろいろな種類を少しずつ作ったほうがよいでしょう

必要とする種類や量は異なりますが、一般的な家庭菜園では、同じ種類のものを一時に大量に欲しい場面は少ないでしょう。**少しずついろいろな種類を作って食べられるほうがうれしいですし、生産するうえでも、いろいろな種類の野菜を同時に作ることは、生態系の仕組みに照らしても理にかなっています。**

なお、家族菜園でひとつの種類の野菜をたくさん作るとしたら、よく使う野菜であることと、収穫時期が年に1回で、収穫適期の期間が長いか貯蔵性がある野菜であること、そして、比較的粗放的な栽培が可能なものにします。サツマイモ、ジャガイモ、タマネギ、ニンジンなどがそれにあたります。

病害虫を軽減する資材

ニームオイルの搾りかすを忌避剤に

ニーム成分の高い肥料には昆虫などの忌避効果があるので、肥料として使用したり、忌避剤として使用したりする。

トウモロコシの雄花にニーム油かすをまいて、忌避効果を期待する。

ストチューで病害対策

米酢と焼酎（アルコール度35度）を等量混ぜ合わせたもので、殺菌作用があるので、定期的に散布すると、うどんこ病などにかかりにくくなる。米酢と焼酎を各300倍（1ℓの水にそれぞれ3ml）に希釈する。アブラナ科は2週間に1回、ウリ科野菜は1週間に1回使用する。

Q. 堆肥やぼかし肥料は、自分で作れますか？

A. 作れますが、家庭菜園なら、購入したほうがよいでしょう

堆肥は落葉樹の落ち葉や牛ふんなどが原料で、耕すときの土壌改良材です。自作するにはスペースと時間が必要なので、完熟した国産品を購入するとよいでしょう。耕すときに、1㎡1～2㎏を畑にすき込みます。

ぼかし肥料も自作できますが、臭気も強いので、さらに大変です。市販のぼかし肥料を使用しましょう。葉茎菜の元肥や追肥にはチッソ分の多い肥料、果菜類の元肥や追肥にはリン酸分の多い肥料が適します。

小さな菜園用の堆肥の作り方

囲いの中に集めた落ち葉（落葉樹）を入れる。

米ぬかを全体がうっすら白くなるくらいまく。

全体が湿る程度に水をまく。

よく混ぜ合わせる。1～3を何度か行い、重層的にする。

雨除けをして、随時混ぜ合わせて3ヵ月以上熟成させる。

Q. 一緒に育てるとよい結果の出る野菜は、ありますか?

A. 野菜にはコンパニオンプランツがあります

ひとつの畝《うね》に複数の作物を並べて育てることや、数ある畝の一つひとつにそれぞれ異なる作物を育てることを「混植」あるいは「混作」といいます。**混植・混作をするとお互いによい影響を与え合う植物同士を「コンパニオンプランツ」と呼び、野菜にもそのような関係があります。**

元来自然界では、畑の栽培のように単一で生育しているのではなく、何種類もの植物が共存、共栄して群落を形成しています。このとき、安定した群落が形成できる異なる植物同士はよい組み合わせと考えられます。

野菜栽培では、キュウリと長ネギ、トマトとニラ、トマトとラッカセイ、ナスとパセリ、ニンジンとエダマメ、キャベツとレタスなどの組み合わせが知られています。キュウリとネギの組み合わせでは、キュウリの根が出す排泄物を長ネギが、長ネギの根が出す排泄物をキュウリがそれぞれ分解して利用することで、互いの生育が促進されています。また、根の排泄物は、根の周辺で植物と共存、共栄ができる微生物を引き寄せるために排出されているとも考えられ、それに集まる微生物を根圏微生物と呼んでいます。長ネギの根圏微生物の中には、キュウリの土壌病害の原因となる病原菌に拮抗的に働くバクテリアがいて、キュウリの根の病気を防ぐことがわかっています。

このように、明確な要因がわかっている組み合わせ以外にも、経験的に知られている事例も数多くあります。天候や土壌状況などによって微生物の働き方が変化するため、いつでもよい結果になるとは限りませんが、家庭菜園では混植・混作がしやすいので、新しい発見をするつもりでいろいろな組み合わせに挑戦してみてはいかがでしょうか。

一方で、あらかじめ避けたほうが無難な、相性の悪い組み合わせもあります。具体的には、イチゴとニラ、キュウリとインゲンマメ、スイカとインゲンマメ、ダイコンと長ネギ、ナスとトウモロコシ、ニンジンとインゲンマメ、メロンとインゲンマメ、レタスとニラなどです。これらは生育が悪くなるので、組み合わせないように注意しましょう。

コンパニオンプランツのいろいろ

トマトとバジル

バジルが害虫を遠ざけ、訪花昆虫を呼び寄せる。料理の相性もよい。

トマトとニラ

トマトの根をニラの根がで包むように植える。ニラの根に共生する微生物が、トマトを土壌病害から守る。

ナスとニラ

トマトとニラと同様に、ナスの苗をニラの苗で包むようにして植えるとよい。

野菜のコンパニオンプランツの例

トマトとニラ、トマトとラッカセイ、トマトとバジル、ナスとニラ（ニンニク）、ニンジンとエダマメ、キュウリと長ネギ、メロンと長ネギ、スイカと長ネギ、イチゴと長ネギ、ジャガイモとヘアリーベッチ

Q. 緑肥作物とは何ですか？

A. 土壌を改良して肥料になり、作物を健全に育てます

緑肥とは食用ではなく、主に畑で育てて土にすき込み、肥料分や有機物として土壌改良に役立てるための作物です。代表的なのは、イネ科とマメ科の植物です。イネ科の作物はコムギ、オオムギ、エンバク、ライムギ、ソルゴーなどがあり、地中深くまで太い根が伸び、地表近くに細かい根が張るため、栽培後に土壌の団粒化が促進され、通気性、排水性がよくなります。また多くの有機物が土壌に入ることで栄養分の豊かな畑になります。

マメ科の緑肥には、夏にタネをまくクロタラリア、セスバニア、エビスグサ、秋冬にタネをまくヘアリーベッチ、レンゲ、クリムソンクローバーなどがあります。**いずれも根や茎葉の量が多いので、マルチング材にしたりすき込んだりすることで、堆肥を与えるのと同様の土壌の改善や肥料効果が期待できます。**マメ科植物は根に根粒菌が共生してチッソを植物や土壌に供給し、イネ科の緑肥の根圏にも、非共生でチッソを固定する微生物が集まります。

緑肥の栽培により、土壌微生物の多様化が進んで病原菌の発生が抑制される、作物が栄養分を得やすくなるなど、多くのメリットが期待できます。特にイネ科の緑肥にはネコブセンチュウを、マメ科の緑肥にはそれに加えてネグサレセンチュウを抑制する品種があります。

イネ科では穂が出始めるまで、十分に育ててから刈り取りますが、後作の始まるタイミングに合わせて、生育途中で刈ることもできます。またそのまま枯れるまで置いて、ポリマルチや敷き藁《わら》の代替えにすることもできます。**畝があいたら「とりあえず緑肥」はおすすめです。**

主な緑肥作物

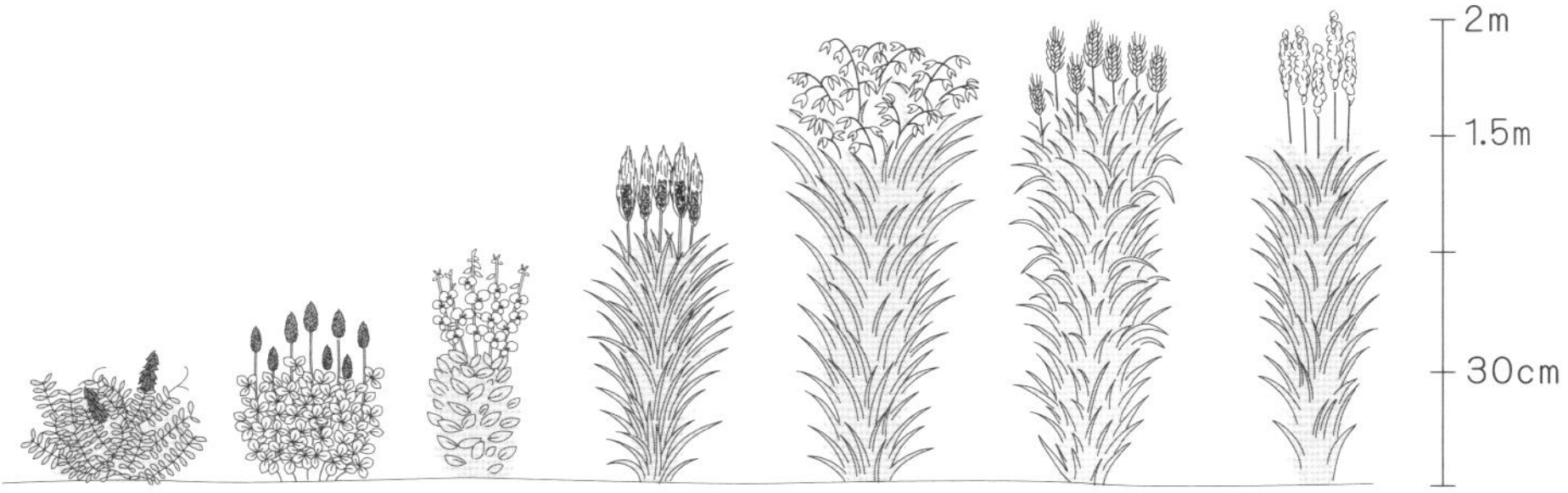

タマネギとムギのスクリーン栽培

タマネギとムギのスクリーン

タマネギの両側にムギをスクリーン状に植え、害虫の飛来を防ぐ。タマネギの収穫後、ムギを畑にすき込む。

スイカのマルチムギ栽培

マルチムギとスイカ

秋まき性の強いコムギやオオムギを春にまくと穂が出ずに終わり、倒れます。この葉茎をつるの固定に使うのが、マルチムギ栽培。スイカの植え床の両サイドにマルチムギのタネをまき、スイカを収穫したら、マルチムギを畑にすき込んでも、そのまま敷き草にしてもよい。

Q. 輪作、間作、混作について教えてください

A. 小さな菜園では、間作、混作を積極的に利用しましょう。

同じ作物を同じ場所で繰り返して栽培したときに、作物の成育が悪くなることを、「連作障害」といいます。これを避けるために、畑での作物の配置と、数種類の作物の作づけ順序を合理的に組み合わせてパターン化し、数種類が数年間で一巡するように循環させる栽培方法が、「輪作」です。**輪作では作物の作づけの順序がポイントで、植物学上の分類である科が同じ作物、同じ病害虫が発生する作物、必要とする養分の傾向が似ている作物など、生理的生態的傾向が似ているものが連続しないようにします。そうすることで、栄養分の吸収が偏らないだけでなく、根の周囲の微生物が多様化し、土壌の生態系が安定し、作物が健全に育ちます。**

輪作を効率的にしたのが「間作」と「混作」です。同じ畑に複数の作物の作づけをほぼ同時に行います。**間作では作物の畝間や隣接畝に別の作物を育てます。**例えば、ダイコンの畝の通路にムギをまき、ムギを育てている畝と畝の間にスイカの畝を作り、ムギの収穫が終わった後はスイカの畑になるという具合です。かつて、畑作地帯では一般的な間作として、野菜の畝と畝の間でムギを育て、暴風や害虫を防ぐ障壁にしていました。

混作では、トマトとニラ、メロンやキュウリと長ネギ、ゴボウとホウレンソウなど、コンパニオンプランツの組み合わせを同じ畝で作ります。農薬に頼らない栽培方法の中で行われています。

最近では、土作りや病害虫対策の一環として、緑肥作物が輪作、間作、混作に使われます。

間作、混作の例

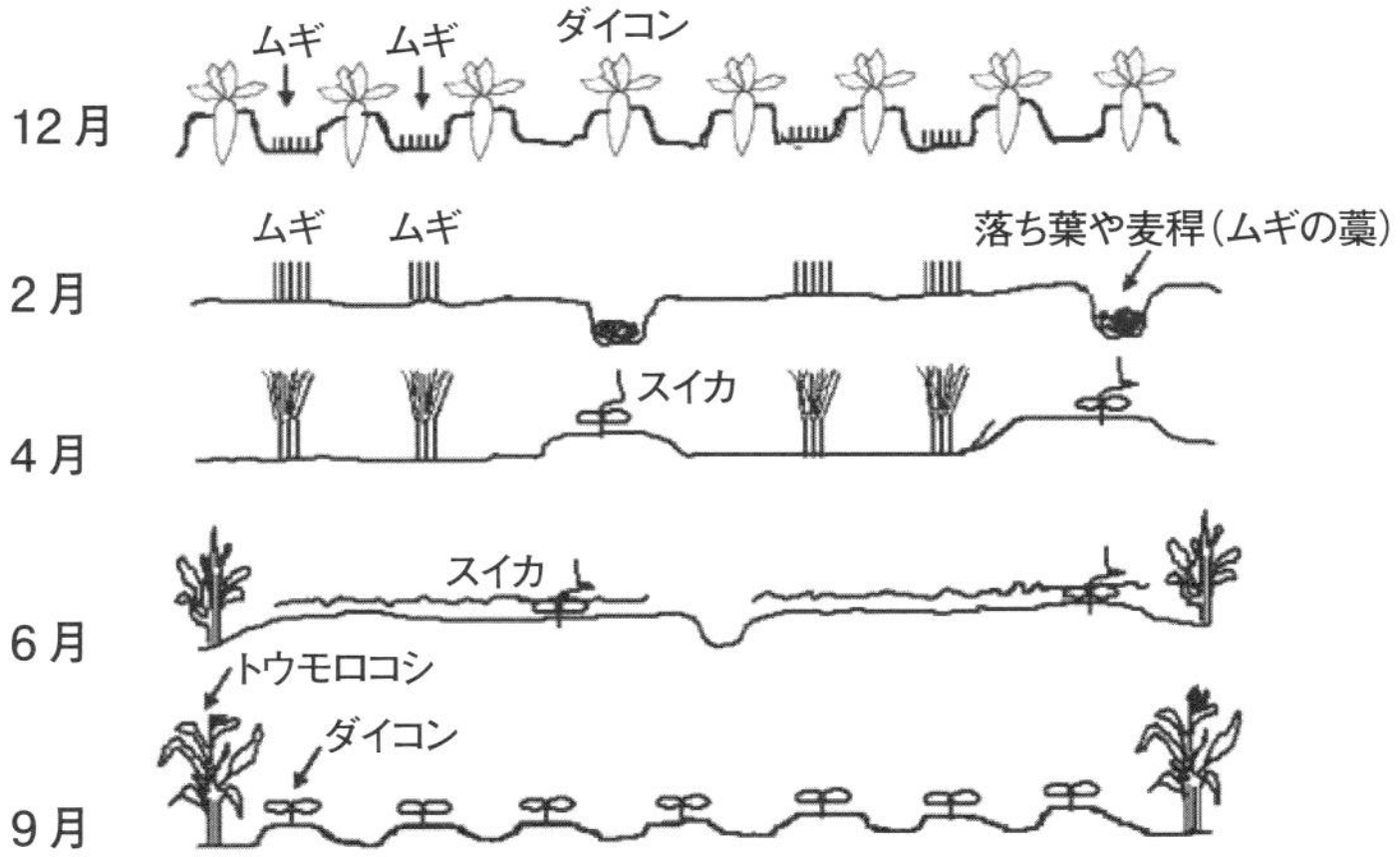

輪作の例

1年目	夏作	ナスorトマト(ナス科)
	秋作	キャベツorブロッコリーorダイコン(アブラナ科)
2年目	夏作	トウモロコシor緑肥
	秋作	レタス(キク科)
3年目	夏作	キュウリorカボチャorスイカ(ウリ科)
	秋作	ホウレンソウ(アカザ科)
4年目	夏作	エダマメ(マメ科)
	秋作	ニンジン(セリ科)
5年目	夏作	サツマイモ(ヒルガオ科)
	秋作	タマネギ(ユリ科)
6年目	夏作	オクラ(アオイ科)
	秋作	シュンギク(キク科)
7年間	1年目に戻る	

※例に挙げた輪作は、どこから始めてもよい。時期をずらすと、毎年いろいろな野菜を作ることができる。

Q. 畑の区画割りを教えてください

A. 野菜の組み合わせを工夫すると、豊かな土になります

科が異なる作物と根が深くなる作物、浅い作物などを組み合わせて**混作や間作すると、土壌の改良になり、病害虫の発生が抑えられ、雑草が減り、微生物が増え、土が豊かになります。**

特に小さな菜園で同じ作物や同じ科の作物を続けて栽培したいと思っても、輪作をするだけのスペースがないのでむずかしいことがあります。しかし、**混作や間作をすることで、小さなスペースでも、毎年同じ作物や多品目の作物を育てることができます。**

とはいえ、家庭菜園では多品目の作づけを毎年計画的に管理するのは大変なので、同じ科の作物は連作しないと考えて作づけするとよいでしょう。

【春夏のプラン例（20㎡＝4×5m）】

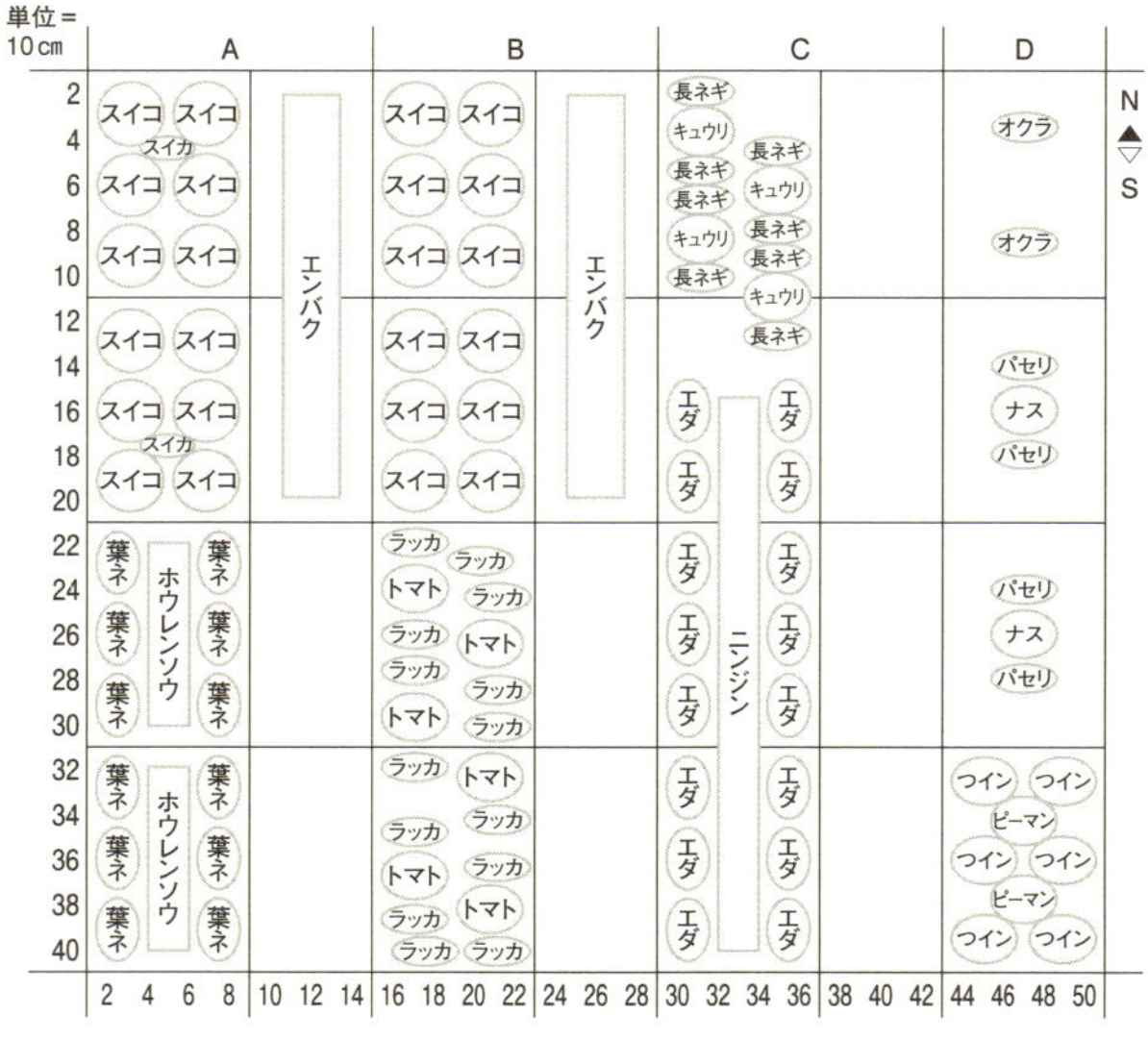

コンパニオンプランツと緑肥を組み合わせて多種類の野菜を育てる。

スイコ＝スイートコーン　葉ネ＝葉ネギ　ラッカ＝ラッカセイ　エダ＝エダマメ　つイン＝つるなしインゲン

緑肥を活用するプラン例

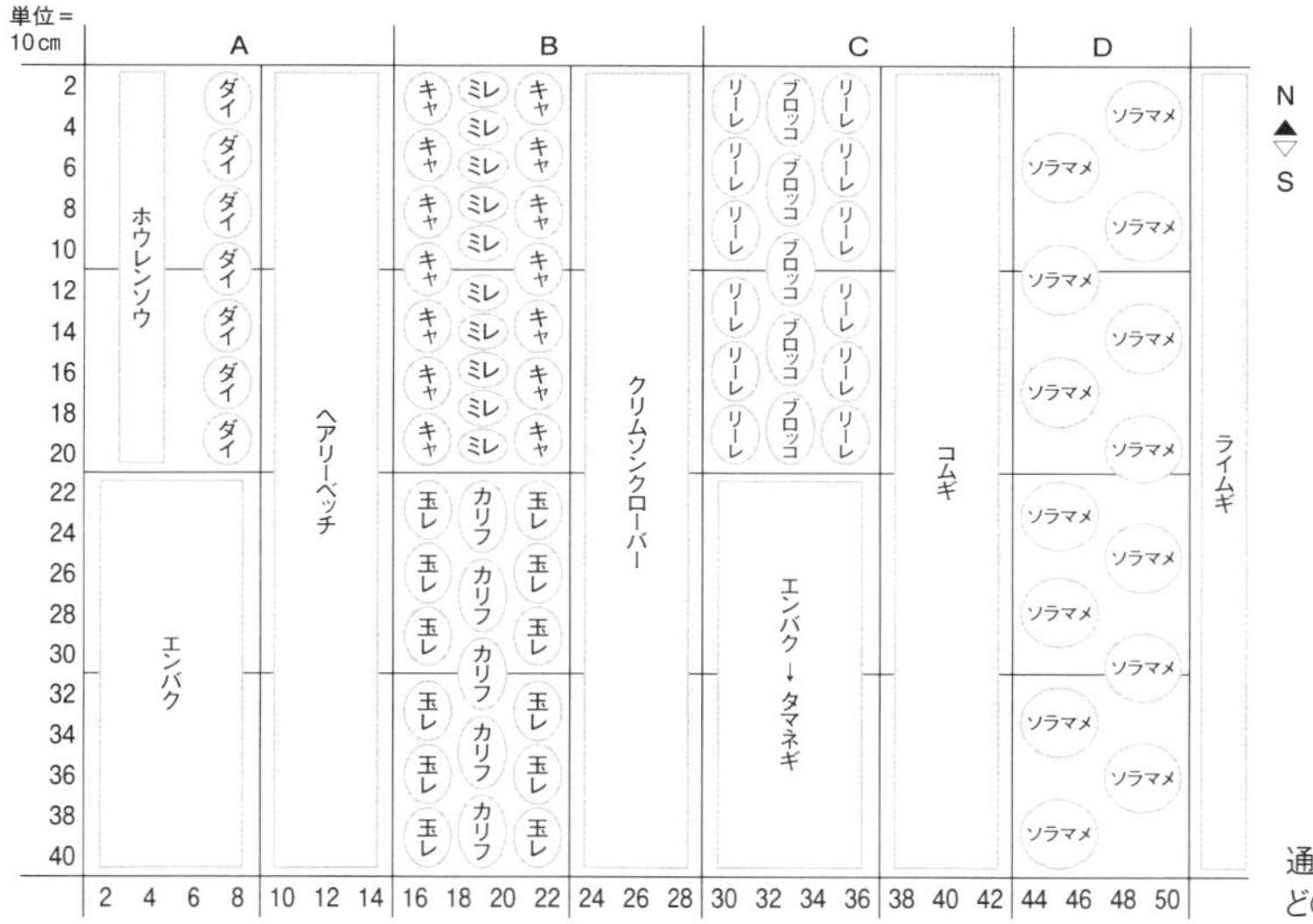

通路にもマメ科などの緑肥を栽培。

コンパニオンプランツの活用プラン例

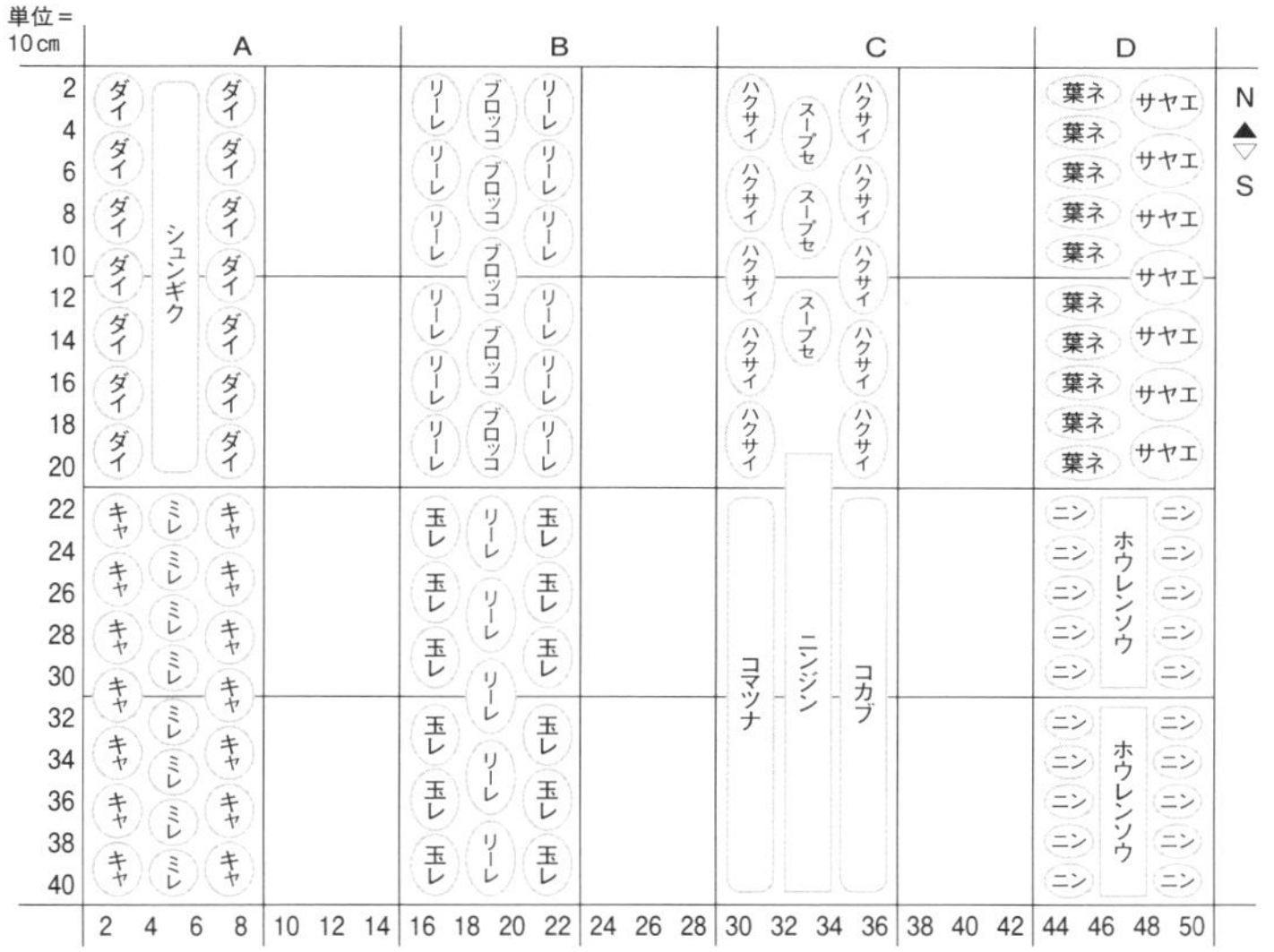

各畝ともに相性のよいコンパニオンプランツを混作。

ダイ＝ダイコン　キャ＝キャベツ　ミレ＝ミニレタス　玉レ＝玉レタス　カリフ＝カリフラワー
リーレ＝リーフレタス　ブロッコ＝ブロッコリー　サヤエ＝サヤエンドウ　ニン＝ニンニク　葉ネ＝葉ネギ
スープセ＝スープセロリ

Q. 病害虫はどのように対処したらよいですか？

A. 野菜ごとの被害に遭いやすい病害虫を知っておきます

ほぼすべての作物に病害虫は発生します。**病害虫対策は、まずは日当たりや土壌など環境を整備する、野菜を健全に育てる、耐病性のある品種を選ぶ、連作しない、トンネル栽培で被覆する、コンパニオンプランツを活用するなど栽培法を工夫する、といったことを徹底します。**

それでも病害虫は必ず発生するので、ニーム油かすやストチューなどの忌避剤で予防し、日々観察して早期発見早期対処に努めます。育てている野菜がどんな病害虫の被害に遭いやすいか知っていると、発見しやすいです。

発生したら、害虫は捕殺し、病気は被害部位や株を除去します。農薬を使う場合は、天然成分由来のものや微生物農薬など安全性の高いもの、天敵への影響が小さいものを使いましょう。

農薬を使わない病害虫対策

アオムシなど害虫は捕殺する。

病気の葉、虫の卵のついた葉などは処分。

ストチュウや忌避剤などの散布。

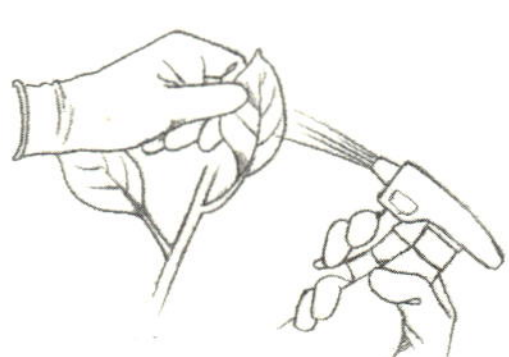

ハダニは葉裏に散水するとよい。

主な病気と害虫

多くの野菜に出やすいものと、特定の野菜に出やすい病害虫があります。

べと病

気孔からカビが侵入し、黄変する。

うどんこ病

カビが原因で、うどん粉をまぶしたようになる。高温乾燥時に発生

立ち枯れ病

カビが原因で、変色後に腐る。ほとんどの野菜に発生。

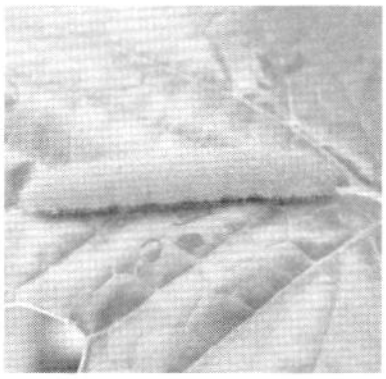

アオムシ

キャベツやブロッコリーなどを食害するモンシロチョウの幼虫。

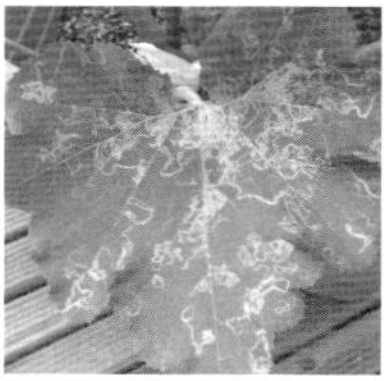

ハモグリバエ

ウジ状の幼虫が絵を描くように葉肉の中で食害。

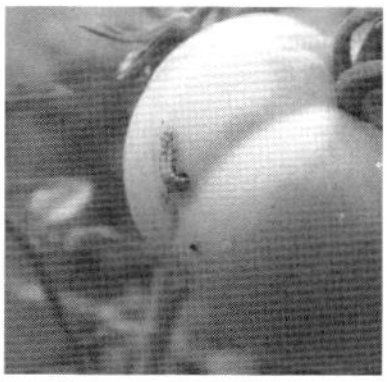

オオタバコガ

トマトやピーマンなどの主要害虫。幼虫が葉、茎、果実を食害。

アブラムシ

多くの野菜に発生。新芽などで吸汁し、排泄物が病気の原因になる。

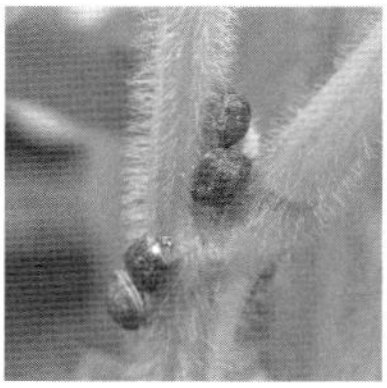

マルカメムシ

エダマメの主要害虫。成虫幼虫とも新芽や茎で吸汁。

ウリハムシ

キュウリの主要害虫。葉を食害し、穴だらけにする。

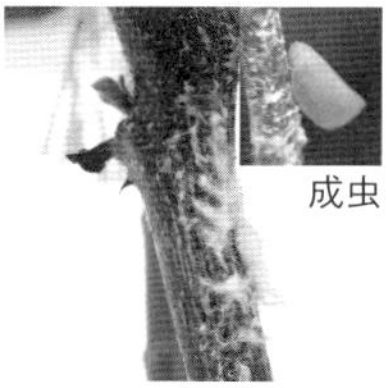

アオバハゴロモ

成虫(右上)幼虫とも新芽や茎で吸汁。幼虫のわた状の固まりが見苦しい。

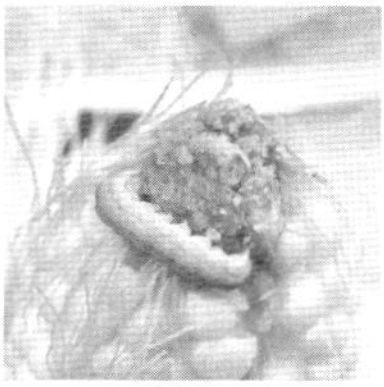

アワノメイガ

トウモロコシの主要害虫。幼虫が実や内部を食害する。

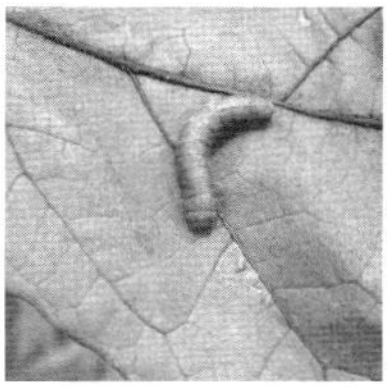

イモムシ類

さまざまな種類がいて、食害する。

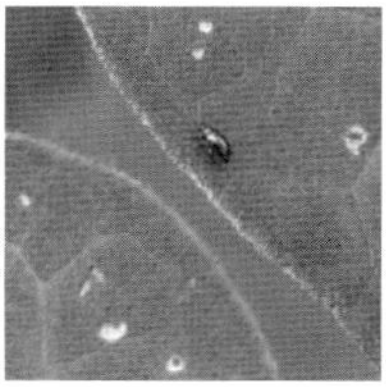

ナスノミハムシ

ナスやジャガイモなどナス科の葉や根を旺盛に食害する甲虫。

ヨトウムシ

多くの野菜の葉や花などを食害する夜行性のガの幼虫。

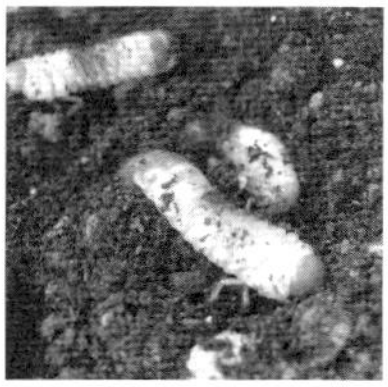

コガネムシ

幼虫がラッカセイ、サツマイモ、アブラナ科の根を食害。

あると便利な防除資材

アオムシなどの食害性害虫に

AZグリーンの使い方

アブラナ科野菜は2週間に1回、ナス科野菜は1週間に1回散布。

ニームオイルからエキスを抽出して純度を高めたもので、水で500倍に希釈して散布する。

うどんこ病などの病気対策

ストチュウの作り方と使い方

アブラナ科野菜は2週間に1回、ナス科とウリ科野菜は1週間に1回散布する。

酢

焼酎（アルコール度数35度）

酢3ccと焼酎3ccを混合し、水1ℓの割合で希釈して散布する。

アブラムシなどの吸汁性害虫対策に

陸の恵みの使い方

用土に混ぜると、害虫の忌避効果がある。

ニーム成分を多く含んだニームの搾りかすで、肥料として使用する。

ハダニ、アブラムシを減らす

ピカコーの使い方

発生初期に、新芽や葉、葉裏に濡れるほど散布する。

海藻の抽出液が作物を丈夫に育て、昆虫の気門をふさぐ。水で25倍に希釈して散布する。

粘着くんの使い方

規定の量で希釈し、害虫に薬液が十分にかかるように散布する。

農薬登録されているが、化学農薬をふくまず安全。

Q. 冬ならではの害虫はいますか？

A. 低温でも食欲旺盛なヤサイゾウムシに注意します

冬は多くの害虫がさなぎや卵で越冬するため、害虫の被害は減ります。ただ、**ヤサイゾウムシの幼虫は低温でも生息し、摂食します。**

ヤサイゾウムシは飛ばない甲虫で、土や野菜の上をのそのそ歩き、秋に土のなかや野菜の心葉などに産卵します。寄生する野菜はセリ科のニンジン、キク科のシュンギク、アカザ科のホウレンソウをはじめ、多くのアブラナ科など、多種類におよびます。さらに、雌だけで繁殖できる単為生殖で産卵数も多いという厄介な害虫です。幼虫の加害は10月ごろから始まり、翌5月ごろまで続きます。被害は茂った茎葉の中心部や地面に接した葉で、1～2㎝の円形の穴をあけます。一匹で一株の新葉を食べつくしてしまうほど食欲旺盛で、葉の中肋部《ちゅうろくぶ》や茎内に入り込むと成虫になるまで食べ続けるので、収穫にならないほどの被害を与えます。成虫は夜行性で見つけにくく、幼虫はうじ状で体長が数ミリから十数ミリと小さいため、捕殺はピンセットなどで取る以外に方法がありません。

初秋に畑の周囲に溝を掘り、防虫ネットを設置するなどの対策も有効です。

ヤサイゾウムシ

Q. 収穫したあとの茎や葉はどうしたらよいでしょうか？

A. 堆肥原料として利用するのがベストです

収穫後の残渣（ざんさ：残り物）は堆肥として使うのが、有機物の有効利用としては最適です。しかし、堆肥作りの場所が確保できない、臭気が気になるなどの理由で堆肥原料としての利用がむずかしい場合は、畑に溝か穴を掘り埋め込む方法も、有機資源を利用することになります。この場合、深さは15cm、1辺が50cm以上、底から10cm程度まで枯れた残渣を入れ、落ち葉でふたをします。このときに米ぬかかぼかし肥料を混ぜておくと、分解が早まります。埋め込む場所は計画的に、毎年順番に場所を変えるようにします。

なお、伝染性の病気で枯れた茎葉は堆肥原料には問題ありませんが、畑への埋め込みは禁物です。

残渣の処理

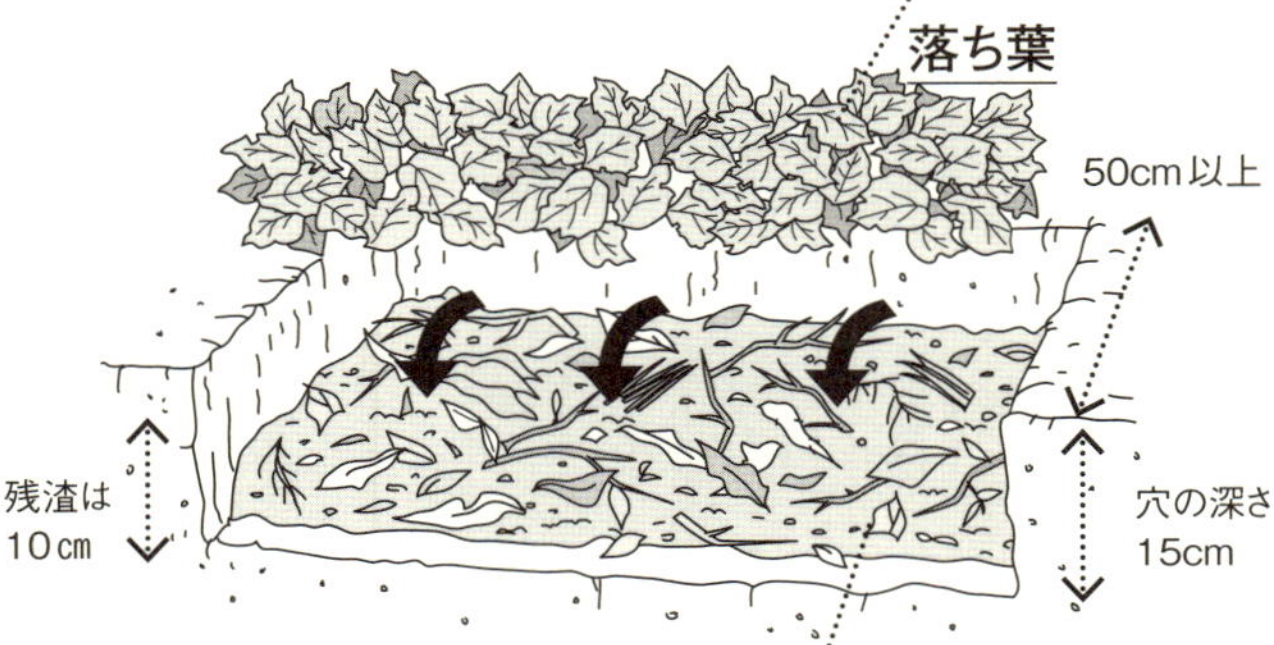

収穫後、10～11月に畑に穴を掘り、残渣、雑草など、米ぬかかぼかし肥料を入れ、その上に落ち葉でふたをして、その上に落ち葉が飛ばないように、軽く土をかけ、埋め戻す。2～3月の畝立てのときに戻す。米ぬかの場合＝残渣の表面がうっすらと白くなる程度（約2kg）。ぼかし肥料の場合＝1.5～1.8kg。

Q. 寒さに強く、手がかからない野菜はありますか?

A. ワケギ、アサツキ、カブ、ハツカダイコンがおすすめです

薬味として使い勝手のいいワケギ、アサツキは手軽に栽培でき、手間がかかりません。ともにネギの一種ですが、ネギよりも小ぶりで刺激臭も少なく、用途の幅が広い野菜です。9月に種球を植えると、厳寒期に地上部はいったん枯れますが、春先に再び芽を出します。寒冷地では寒さに強いアサツキが適します。ワケギは刈り取り収穫ができ、2~3回は収穫できます。アサツキは株ごと引き抜いて収穫します。

種球を植えるニンニクも同じように栽培できます。翌春、芽を出した後に伸びる蕾を摘み取る作業がありますが、比較的手間がかからずに育てられます。

カブ、ハツカダイコン(ラディッシュ)も手軽に作れる野菜です。特にコカブは、栽培期間も短く作りやすいです。タネまきはなるべく10月ごろに行い、肥料を控えれば病害虫もほとんどつきません。すじまきにして間引きながら育てますが、間引いた株もおいしく食べられます。

シュンギクは株ごと収穫する方法と、若いわき芽の茎葉を順次摘み取って収穫する方法がありますが、秋まき栽培では摘み取り栽培が適します。少しずつ収穫できるので、家庭菜園に適した野菜だといえるでしょう。食卓の脇役的な野菜ではありますが、おひたし、天ぷら、なべ物、すき焼きには欠かせない一品。少面積でも、作っておくと便利な野菜のひとつです。

コマツナはその都度タネまきが必要ですが、ほぼ1年中作れる野菜です。秋は11月まで順次タネまきをすれば、数回は収穫ができます。

Q. 霜対策や雪対策には、どんな方法がありますか？

A. 不織布で畝《うね》を覆うなどの方法があります

エンドウやソラマメなど越冬させる野菜の防寒対策では、従来は、畝の北側、あるいは西側に笹竹を斜めに立てて霜よけをしてきました。しかし、**現在では材料の確保がむずかしくなり、不織布を使う方法が一般的です。**コマツナやシュンギクは低温性の野菜なので、不織布で畝を覆うだけで露地よりも成長がよくなります。この方法は「べたがけ」といいますが、これを「トンネルがけ」にすれば保温力は高まります。さらに被覆に使う資材を保温力の高いビニールフィルムにすると、厳寒期のコカブやニンジンの栽培にも有効です。しかし、ビニールのトンネルがけは日中の温度上昇が格段に高まるため、温度の上がりすぎに注意が必要です。

タマネギは越冬中に株が大きくなりすぎると、寒害を受けたり、春先の早期とう立ちを起こしたりするため、一般的にトンネルがけなどの保温はしません。霜柱が立つと根が浮き上がり枯れてしまうこともあるので、株元を足で踏み固めて、根の浮き上がりを抑えることで対処します。また、株間にモミガラ燻炭《くんたん》をまくのも有効で、燻炭の黒色が太陽熱を吸収して地温を上昇させ、霜柱を早く解かす効果が期待できます。

コンテナの霜よけ

コンテナにフレームをつける。

全体を不織布などでカバーする。

不織布の端を洗濯バサミなどで留める。

Chapter 3

種類別
野菜作りのポイント

野菜は、種類ごとに育て方が異なります。
それぞれの特性を理解することが、
コツを習得し、失敗を少なくする早道です。

Q. インゲンマメは、どうして本葉が出てから間引きするのですか？

A. 鳥害の心配があるからです

インゲンマメは1穴に3粒ずつまき、本葉が2～3枚になったら2本に間引きます。このように集団播種すると「友育ち」効果によって発芽がそろい、その後の生育がよくなります。豆類は一般的に集団で播種しますが、その他にも、ダイコン、ニンジン、オクラなど莢《さや》に数粒のタネが入って繁殖するものは、集団播種が適します。芽がある程度大きくなってから間引きますが、インゲンマメは1本立ちにせず、2本立ちで育てます。

なお、**マメ類の幼植物は鳥に狙われますが、本葉が出るくらいに成長すると食べられなくなります。それまでは不織布で被覆するなど鳥害に注意し、鳥害の心配がなくなってから間引くことで、欠株の発生を回避します。**

インゲンマメの間引き

1

本葉が出たら、時期を逃さず、細いものと徒長しているものを株元からハサミで切って間引く。本葉が2～3枚のときに、2本立ちにする。

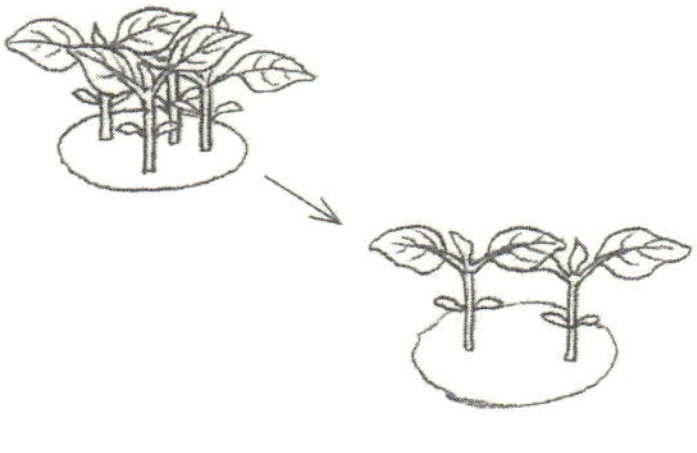

2

2本立ちで育て、土寄せする。

Q. エダマメはなぜ元肥を少なめにするのですか？

A. 根に感染する根粒菌《こんりゅう》を上手に着生させるためです

エダマメなどのマメ科植物の根には、根粒菌が感染して直径数ミリのコブができます。このコブの中に細菌の一種である根粒菌が生活をしていて、エダマメから養分をもらいながら、大気中のチッソをアンモニアに還元してエダマメに与えています。

植物は大気中のチッソガスを直接利用することはできません。しかし、根粒菌がつくまでは土からのチッソは必要であり、**根粒菌を養うための養分も作らなければならないので、まったく肥料分のない土では育ちません。**逆に、**肥料分が多い土では根粒菌からのチッソ供給が必要ないので、根粒菌がつきにくくなります。**根粒菌は植物側の都合でつきますが、根粒菌の着生を促すためには、少なめの肥料がよいのです。

エダマメの根粒菌

マメ科の植物は、空気中のチッソを固定して根に蓄えることができる。

根粒菌を生かした土作りをするには、収穫時にエダマメを株ごと抜かず、株元を切り、そのまま根を土にすき込むとよい。

Q. エダマメはタネを見えなくなるまで土に押し込んでも、鳥に食べられるのですか？

A. タネをまくところを見られたらもうおしまいです

カラスやハトなど人の生活圏で行動する鳥類は、畑の農作業を遠くからよく見ています。タネをまくところを見られたら、人が離れるとすぐにタネを見つけにやって来るので、タネが見えなくても食べられてしまいます。エダマメはハトに狙われますが、発芽やその後の生育を考えて1.5㎝程度の深さにタネをまきます。タネまき後にしっかりと鎮圧した上を枯れ草などで覆うと、ある程度防ぐことができますが、完全ではありません。マメ類は子葉が狙われ、エダマメの子葉は地上部に露出するので、そのままではほとんど発芽直後に食べられてしまいます。**確実な方法は、タネまき後、不織布や寒冷紗《かんれいしゃ》等で被覆するか、ポット苗を移植することです。**

エダマメのタネまき

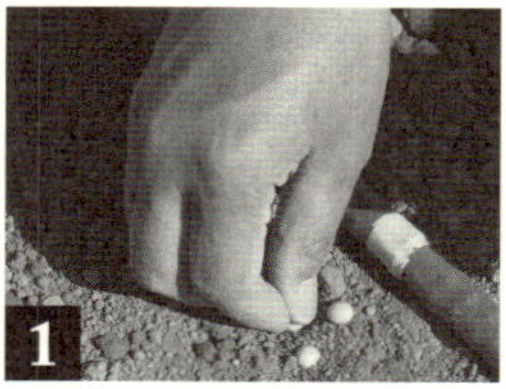

株間15cm、畝幅40cmで1ヵ所に3粒まく。

タネを押し込み1cmほど覆土し、手で軽く鎮圧する。

発芽まで乾かさないようにする。

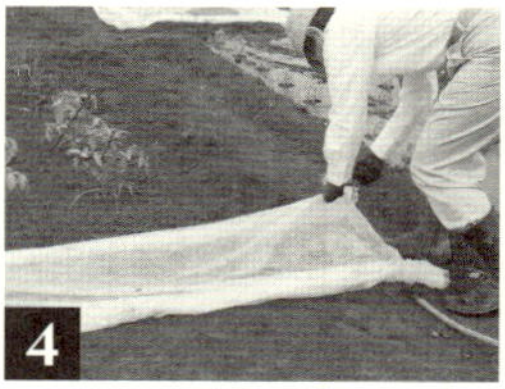

鳥に食べられないように、ネットで保護する。

Q. エダマメはなぜ2本立ちにするのですか？

A. 十分に光を当て、倒れにくくするには2本が適当です

エダマメのタネは1穴に3粒ずつまき、本葉が2〜3枚になるころに2本に間引きます。

エダマメは直根が深く伸びますが、根の多くは地表の近くに分布する浅根性作物なので倒れやすく、さらに根群が浅いので乾燥にも注意が必要です。このような場合は2本に「友育ち」することで、1本で独立させて育てるよりも根が安定します。

ただし、3本以上だと密集になり、光が下葉に届かず、生育が悪くなります。エダマメは光と水を好むので、一株（一ヵ所）2本で栽培するときの株と株の間隔をしっかりと広く取って育てます。

エダマメの間引き

1 タネまきは1穴に3粒ずつまき、友育ちさせる。

2 本葉が出たら、細いもの、徒長したものを間引き、1ヵ所2本立ちにする。

水切れに注意

花が咲き、小さな実が出始めたころは、水切れに注意する。

Q. エダマメを株ごと収穫する場合、収穫時期の判断はどうしますか？

A. 莢《さや》の上からマメを押して、飛び出してきたら収穫を始めます

エダマメは、穀物の大豆を、未熟でやわらかいうちに株ごと収穫するので、収穫のタイミングがむずかしいと思います。

収穫は普通栽培では播種後75～90日、開花後30～40日を目安にします。同一作型(同じ日にタネまきをしたもの)は、1週間以内に収穫を終えるようにするとよいでしょう。

草丈はだいたい50～１００cmの直立で、主茎には葉を10～12枚程度つけ、葉のつけ根（葉腋）から分枝が出ます。花房は主枝と分枝葉腋につき、下から順に咲きます。**株の中央部の莢に注目し、ふくらんだ莢の上からつまんでマメを押してみます。マメが飛び出してきたら収穫適期です。**株元からハサミで切って収穫します。適期を過ぎるとマメが硬くなり、味も落ちます。

エダマメの収穫

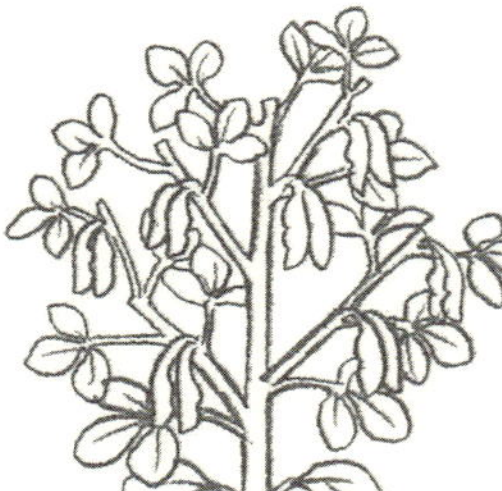

株の中央の莢を押し、マメが飛び出すようなら収穫適期。

Q. なぜエンドウは、タネまきの時期が重要なのですか?

A. 寒さに耐える、ちょうどよい大きさの苗で冬越しさせるためです

エンドウは、莢が平らなキヌサヤ（サヤエンドウ）、実を食べるグリーンピース、実が大きくなって莢ごと食べられるスナップエンドウなどがあります。冷涼な気候を好むため、夏を避けて栽培します。11月上旬にタネまきして、本葉が2～3枚の小苗の状態で冬越しさせます。冬の寒さに遭うことでよい花芽がつきますが、**まき時期が10月だと年内に大きくなりすぎ、冬の寒害で枯れ茎が多くなり収量に影響します。一方、タネまきの時期が遅いと苗が小さく耐寒性が弱いために寒害を受け、春先の成長が悪く収量が少なくなります。**栽培地と品種に合った適切な時期のタネまきが重要です。なお、春まきも可能ですが、冬の寒さに十分に遭わないため、花芽のつきが悪くなります。

野菜作りは、
適切な時期に正しい作業を
することが重要です。

Q. カリフラワーの花蕾《からい》を日焼けさせたくありません

A. 花蕾が小さいうちに上部を覆い、早めに収穫します

カリフラワーは花蕾がおおむね12～15㎝になったら収穫しますが、採り遅れると黄変するなど品質が落ちます。花蕾がオレンジ色や紫色のものはよいのですが、**白いカリフラワーは花蕾が7～8㎝ほどになったら、周囲の葉を折って中心部に載せる、あるいは外葉を切ってからそれで覆うなど、日が当たらないようにします。**

晩秋から冬に向けて収穫する栽培では、花蕾を覆うことが寒害から保護することにもなるため、花蕾を包むように外葉を束ね、上部をひもで結びます。なお、収穫が遅れると着色だけでなく、蕾の塊が緩み品質を落とします。収穫は花蕾が全体的にしまった状態のうちに行います。収穫が多少早めでもおいしさに影響しないので、遅れるよりは早めの収穫を心がけましょう。

カリフラワーの花蕾の保護

1 花蕾ができ始めて2～3週間経ったら変色に注意。

2 周囲の葉を折って花蕾にかぶせる。

3 葉を数枚まとめて、ひもでしばる。

Q. なぜキャベツは、何回も土寄せをするのですか？

A. 浅く広く張る根を守り、大きく丈夫な外葉を育てるためです

キャベツは、外葉（開いた状態の外側の葉）が光合成をした養分や外葉に蓄積した養分が、内側の結球部分に供給されて丸まります。**外葉は結球するまでの間に18〜20枚が展開し、外葉をいかに大きく丈夫に育てるかが、よいキャベツを作るコツです。**

定植後、速やかに活着させ外葉を順調に育てるためには、老化していない若い苗を植え、乾燥に注意して根の張りをよくします。キャベツの根は表層近くに多く分布し、広い範囲にびっしりと根群を作るので、土寄せはその根を守るために欠かせません。定植してから2週間目くらいに1回目の土寄せを追肥とともに行い、以降、2週間おきに土寄せを行います。土寄せは外葉で通路が埋まるまで続けます。

キャベツの土寄せ

1

コツ！

外葉を大きく丈夫に育てる。

2

狭いところは移植ごてで中耕し、株元に土寄せする。2週間に1回行う。

Q. キャベツのアオムシを防ぐ方法はありますか？

A. 被覆で飛来を阻止し、幼虫が若齢のときに駆除します

アオムシはモンシロチョウの幼虫で、アブラナ科野菜の葉を食べます。定植後に成虫が飛来して産卵します。若齢幼虫は主に葉裏から食害し小さな穴をあけ、中齢期以降の幼虫は、葉の表・裏のいずれの側からも大きく食害します。**成虫が畑で多数見られるようになったら，その後1週間は注意深く葉裏を見て、紡錘形の卵や若齢幼虫を早期発見して除去します。**また、**定植直後から1ヵ月程度は、不織布などでトンネル掛けすると飛来を抑制できます。**なお、農薬散布を控えると、幼虫を捕食するキアシナガバチや幼虫に寄生するアオムシコマユバチなどの天敵が増え、モンシロチョウの生息密度を減らせます。モンシロチョウはレタスが嫌いなようなので、キャベツのそばにレタスを植えると、「忌避効果が期待できます。

【キャベツの防除】

株元に「ニーム油かす」などの忌避剤をまく。

Q. キュウリはどうして、摘心や摘葉をするのですか？

A. 草勢を維持して、おいしい実を長く収穫するためです

キュウリは、「葉や茎が伸びる栄養生長」と「花がついて実をつける生殖生長」が同時です。**よい実をたくさん収穫するには、生育初期の開花結実を遅らせ、枝葉を充実させて体力のある株に育てます。根をしっかり張らせるため下から5～6節までのわき芽と花芽を摘み、地上部の負荷を軽減します。**生育が進んでも、株元と新しい葉に日をよく当てるために適宜摘葉します。古い葉の病害虫を除去し、通風もよくなるので、防除に役立ちます。

次々に出るわき芽(子づる)も1～2個の雌花がついたら、その先の葉1枚を残して摘心します。子づるから出る孫づるも同様にします。実を採ったつるは、周囲が混んでいたら元から取り除き、茎葉の過繁茂を防ぎます。草勢を見ながら、栄養生長と生殖生長のバランスをとります。

キュウリの下葉の処理

傷んだ葉や老化した葉は、病害虫発生の原因になるので、取り除く。切った葉はビニール袋などに入れて畑の外に持ち出し、処分する。

わき芽の摘心

わき芽（子づる）は、雌花がついたらその先の葉1枚を残して摘心する。雌花がつかなくても葉2枚を残して、先端の芽を摘み取る（摘心）。わき芽が伸びるごとに行う。

Q. キュウリはなぜこまめに誘引するのですか？

A. キュウリは風に揺さぶられると弱るので、しっかり誘引します

キュウリの葉は大きいため風で傷みやすく、また**酸素を好んで浅く張った根は、風で株が揺れると傷んで樹勢が衰えるなど、風に揺さぶられると生育が悪くなります。そのため、立体栽培では、つるをしっかりとした支柱にこまめに誘引する必要があります。**

立体栽培は誘引に手間がかかりますが、場所を取らない、実が地面につかないのできれいであるなどのメリットがあります。一般的に誘引は支柱を使いますが、キュウリ用のネットを使うと楽に誘引でき、キュウリも自ら巻きひげをネットに巻きつけて這い上っていきます。なお、キュウリは放任すると地を這ってつるを伸ばし、背が高いものに当たると、それに巻きついて上へとつるを伸ばします。昔は地面を這わせる地ばい栽培が主流でした。

キュウリの誘引

1 しっかりと支柱を立てる

2 15㎝ほどの間隔で、横に麻ひもを張る。

3 つるが伸びたらその都度誘引する。

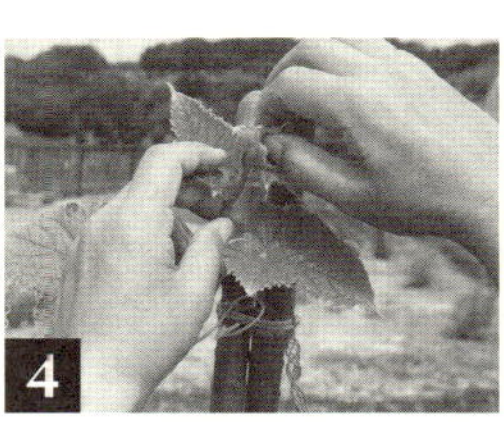

4 つるが支柱の先まで到達したら、摘心する。

Q. コカブにスが入ってしまいます

A. スは、収穫遅れなどによる老化で入ります

コカブの収穫適期はカブの直径が5cm程度に太ったころです。収穫が遅れると根の一部が白く海綿状になることがあり、これを「ス入り」といい、細胞が部分的に枯死するために起こります。枯死した細胞は煮てもやわらかくならず、漬物にしたときも塩分が入らないので、品質が落ちます。

ス入りは根部の成長と葉の成長のバランスが崩れる生育後半に起きやすく、根の肥大が旺盛なのに葉の生育が衰えた状態で起こるので、葉が元気なうちに収穫します。早めに収穫する分には問題がないので、早採りを心がけましょう。なお、コカブから中カブ、大カブとしても使える品種では、コカブでの収穫時に飛び飛びに株を残し、中カブや大カブに育てて収穫することもできます。

コカブの収穫

秋まきでは、タネまきから40～50日で収穫できる。

株元を握って、そっと引き抜く。採り遅れるとスが入る。

Q. コカブを上手に育てるコツはありますか？

A. 間引きを上手に行い、適切な株間で育てます

コカブは生育期間が短く、作りやすい野菜です。直根性なので畑に直まきし間引きをしながら育てます。すじまきが間引きがしやすく、その後の管理にも適します。条間は20㎝にします。密植すると生育が悪くなり、よいカブになりません。

角材などを押しつけて鎮圧をして深さ１㎝のまき溝を作ります。そこに１～２㎝間隔でできるだけ等間隔にタネを置きます。そうすることで、その後の間引きが楽になり、精度も上がります。覆土は５～10㎜程度に薄くして表面を軽く叩いておきます。

間引きは本葉が見え出したころから始め、葉が重なっている場所を間引いて、葉と葉が軽く触れあう程度にします。その後は成長に合わせて、混み合うところをならすように間引きながら株間を広げてゆき、３～４回、最終的に５～10㎝の株間にします。

間引くタイミングは混みぐあいを見ながら決めるのですが、おおむね展開した本葉の枚数が１、３、５と奇数枚の時に間引くとよいでしょう。そして本葉が５～６枚のときまでに最終的な株間にします。

残す株の根を傷めないように注意するとともに、**間引き後の中耕と土寄せは必ず行います。土寄せを丁寧に行えば行うほど、肌がきれいなカブになります。**

コカブは間引き菜もおいしくいただけます。

コカブのタネまき

1
深さ1cmほどの浅い溝を作り、タネをすじまきする。

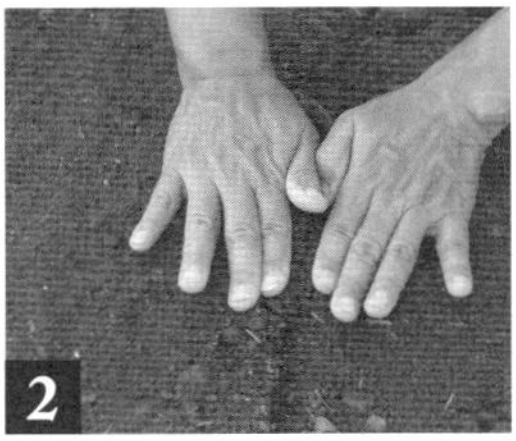

2
両側から土を寄せ、約5mm覆土する。

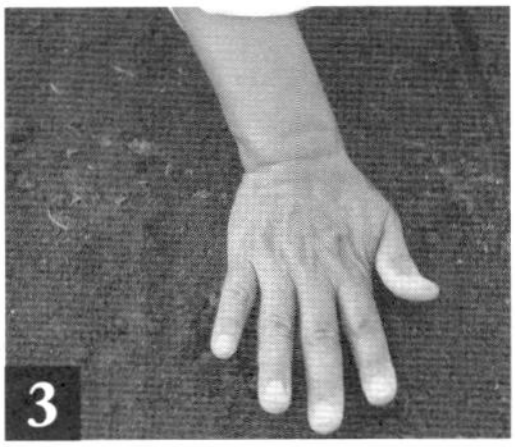

3
軽く鎮圧して、タネをなじませる。

4
たっぷり水やりして、発芽までは乾かさない。

コカブの間引き

1
5〜7日ほどで発芽がそろう。本葉1枚のときに、葉が触れ合わない程度に間引く。細いものや徒長しているものをそっと抜く。

2
間引いた後は、両側から土を寄せ、根を安定させる。

3
本葉3〜4枚のときに、株間2〜3cmに間引く。ハサミで切り取るとよい。

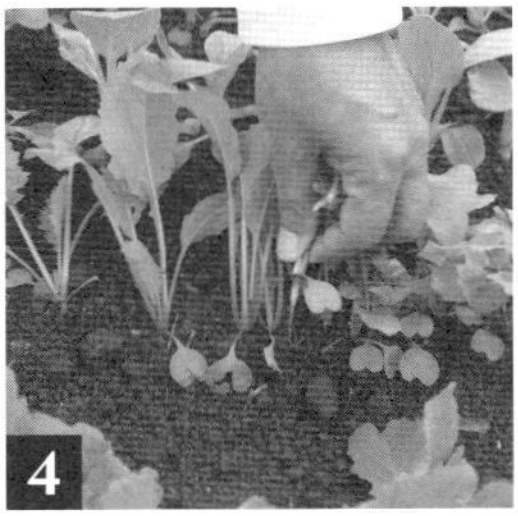

4
手で抜く場合は、他の苗の根が浮き上がらないように、慎重に行う。

5
間引いた後は必ず土を寄せ、根を安定させる。

Q. コマツナを育てています。間引きのコツはありますか？

A. 発芽直後の1回目の間引きで、株間1～2㎝に広げます

コマツナの苗を混み合ったなかで栽培すると、茎が細くひょろっと伸びてしまい、子葉や下葉が隣同士で絡み合い、間引きの際に残す株を傷めます。**とにかく早めの間引きが大切で、1回目は発芽がそろったらすぐに行い、株間を1～2㎝にします。さらに、本葉1～2枚ごろに、隣同士の葉が触れ合わないくらいに間隔をあけて間引きます。草丈が7～8㎝、本葉5～6枚になったころからは、株間を5㎝～10㎝にします。**

最後の間引きで間引いた株はおいしく食べられるので、収穫を兼ねて行います。なお、タネまき時、まき溝に10㎝当たり5～6粒の見当で薄まきにすると、最初の間引きは必要ないか、大変楽に行えます。

コマツナの間引き

本葉1枚のときに、葉が触れ合わない程度に間引く。

間引いた後は両側から土寄せし、根を安定させる。

本葉5～6枚のときに、最終株間5～10cmに間引く。

ハサミで切ると、他の株の根に影響が少ない。

Q. コマツナは水はけが悪い場所でも育てられますか？

A. 堆肥をたくさん入れ、畝《うね》を高く作り、中耕しましょう

水はけがよくない場所はよく耕して、完熟した落ち葉堆肥などを1㎡当たり3kgほどすき込んでおきます。畝は高さ15cmほど盛り上げます。縦長の作条ではその両端に、横切り作条の畝では通路に排水用の溝を掘るとよいでしょう。タネを手でまくときは60cm幅の畝にして、畝を横切りにする方法（横切り作条）で条間20cmのまき溝を作ります。

タネまきを手押しの機械で行う場合は、縦長の畝で畝幅1mに3〜4条をまくようにし、条間は20cmにします。草丈が5cmくらいになったら、三角ホーなどを使い、株元に空気を入れるようにして条間を軽く耕します。

水はけをよくする畝

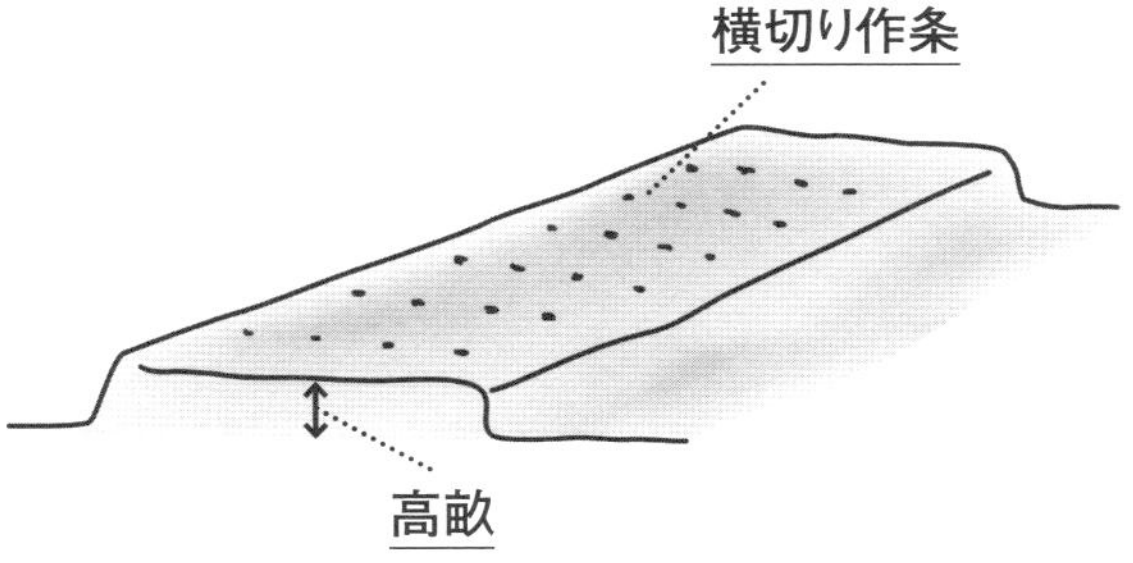

Q. なぜサツマイモを植える前に、藁《わら》を土に混ぜるのですか？

A. つるばかり茂りイモが太らない「つるボケ」を防ぐためです

サツマイモはどんな土質であっても栽培が可能な作りやすい作物ですが、チッソ分が多い畑ではつるばかりが茂り、イモは太らないだけでなく、筋張り、品質が悪くなってしまいます。これを防ぐには、元肥で与えるチッソ肥料を少なくしますが、野菜を作った後などに残存しているチッソ肥料を抜くことはできません。

そこで、**植えつける直前の畑に刻んだ藁やモミガラをまき、土に混ぜます。藁やモミガラがチッソ分を吸収してくれるので、土中のチッソ分が抜けてサツマイモが作りやすくなります。**藁などは土中で徐々に分解して肥料分になります。肥料が効いて欲しくない生育前半は効かないで、生育後半のイモの肥大時期に肥料分を放出してくれるため、大変都合がよい方法です。

サツマイモの植えつけ準備

肥料分が多いとよいイモができないので、土に切り藁を混ぜて、余分な栄養分を吸い取らせる。

Q. サツマイモの苗はいつ入手できますか？

A. 園芸店では5月上旬から6月上旬に並びます

サツマイモの苗は種イモを伏せこんで芽を出させ、長さ30cm、8〜9節以上に伸長した時期に採苗します。**太くて養分をたくさん含んだ苗が望ましく、採苗には適した時期があります。**苗床に長く置きすぎると、苗は種イモに養分を供給するようになり、さらに過繁茂による下葉の枯死なども発生して苗の養分が低下します。一般的には伏せこみ後50〜60日くらいが適当であり、採苗適期は長くありません。サツマイモの栽培適地は、日光がよく当たり通気性のよい乾燥した土壌で、肥沃ではなくて痩せた土地です。なお、アンノウイモ（安納芋）は他のイモ類よりもショ糖が多く人気ですが、気候や土壌などの条件が整い、収穫後の追熟ができないと、家庭菜園で商品のような甘さを出すのはむずかしいです。

サツマイモの植えつけ

苗は差し穂状。葉が5〜6枚で茎が太く節間がつまっているものがよい。

暖かくなってから、しっかり水揚げし、斜めに3節植える。

たっぷり水をまく。植えつけ後、数日は行う。

植えつけ直後はしおれているが、5〜7日で立ち上がる。

Q. サツマイモの植えつけのコツを教えてください

A. 苗の大きさに合わせ、活着がよくなるように植えます

サツマイモの苗には根がないので、雨が降る前日を見計らって植えるのがコツです。しかし無理な場合は、植えてから数日間は水やりをしてしおれないようにします。**イモは葉がつく節から出る不定根が太りますが、温度が低いと不定根が出ません。最低気温が12℃になってから植えます。**

深植えするとより多くの節を埋められ、しおれにくいのですが、下のほうは温度が低くなりイモのつきが悪くなります。浅植えだと温度条件はよいのですが埋め込む節の数が少なく、またしおれて枯れやすくなります。そこで節数と温度を確保するために深さ5cmのところに苗を寝かせて植える水平植え、苗が短い場合などでは深さ5cmくらいの直立植えが行われます。また折衷的に深さ6～7cmに斜め45度に植える「斜め差し植え」もできます。直立植えは活着がよく初期の生育が良好です。イモは地際部の1～2節につくので数は少ないが大きく粒がそろいます。苗を寝かせて植えると、イモは小さいが数は多くなります。**家庭菜園では、両者の中間の斜め差し植えがおすすめです。**

植えつけのポイント

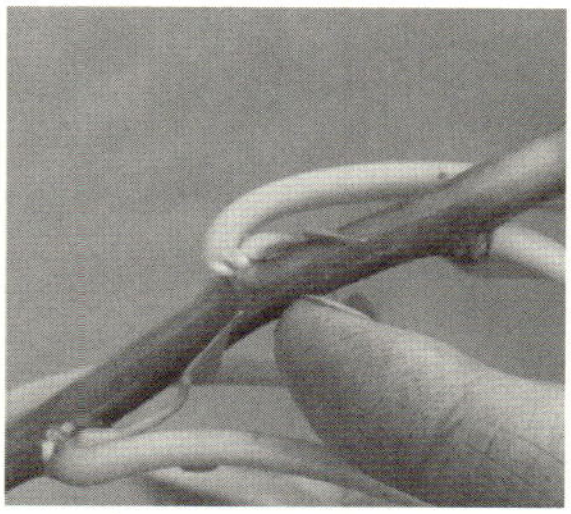

土に差す角度と埋める長さで、芋のつき方が変わる。3節までを埋めると、狭い面積でも大きな芋が採れる。4節以上埋めると、たくさん芋が採れるが、小粒になる。

Q. ジャガイモはなぜナス科の植物と育てられないのですか？

A. 共通の害虫がいて、宿主のジャガイモから大量移動します

ジャガイモはトマトなどと同じナス科の植物で、共通する病害虫が多くいます。ジャガイモは高温が苦手で、気温と湿度が高くなる6月半ばを過ぎると病気になり枯れ始めます。**この時期にトマトなどのナス科の野菜が近くにあると、ジャガイモの病気が感染したり、害虫が移動したりするなど、他のナス科の野菜に影響を及ぼすので、ジャガイモは6月初めに収穫してしまうとよいでしょう。**

ジャガイモの収穫後や枯れた後に、害虫のニジュウヤホシテントウは、他のナス科の野菜へ見事に大移動します。近くで栽培しなければならないときは、ジャガイモとナス科の野菜の間にソルゴーなどの背の高い緑肥を作づけして、害虫の移動を防ぎましょう。

ジャガイモの注意点

ナス科なので、ジャガイモの花はナスに似ている。ナス科の野菜とは連作しない。ジャガイモの連作もしない（2～3年あける）。

Q. 八百屋さんで買ったジャガイモは、種《たね》イモになりますか？

A. なりません。種イモは収穫後2～3ヵ月経ったものが最適です

ジャガイモの食用部は地下茎が肥大して塊になったもので、「塊茎《かいけい》」と呼ばれます。栽培ではその塊茎を種イモとして用います。地下茎の先端が塊茎になり始めると、先端の芽は休眠に入ります。その状態で塊茎は肥大しますが、芽は収穫された後も一定期間は休眠していて、発芽しにくい状態です。このような休眠中のジャガイモは種イモには使えません。また、収穫してから6～7ヵ月以上経ったものは、芽が伸びすぎて種イモには適しません。

春に植えつける種イモは、前の年の10月ごろに収穫したものが最適で、植えつけ時期に売られています。**食用のイモを使うと、ウイルス病や細菌病などの病気が発生することがあるため、種イモとしては、国の病害虫の検査に合格したものだけを使います。**

［ジャガイモの植えつけ］

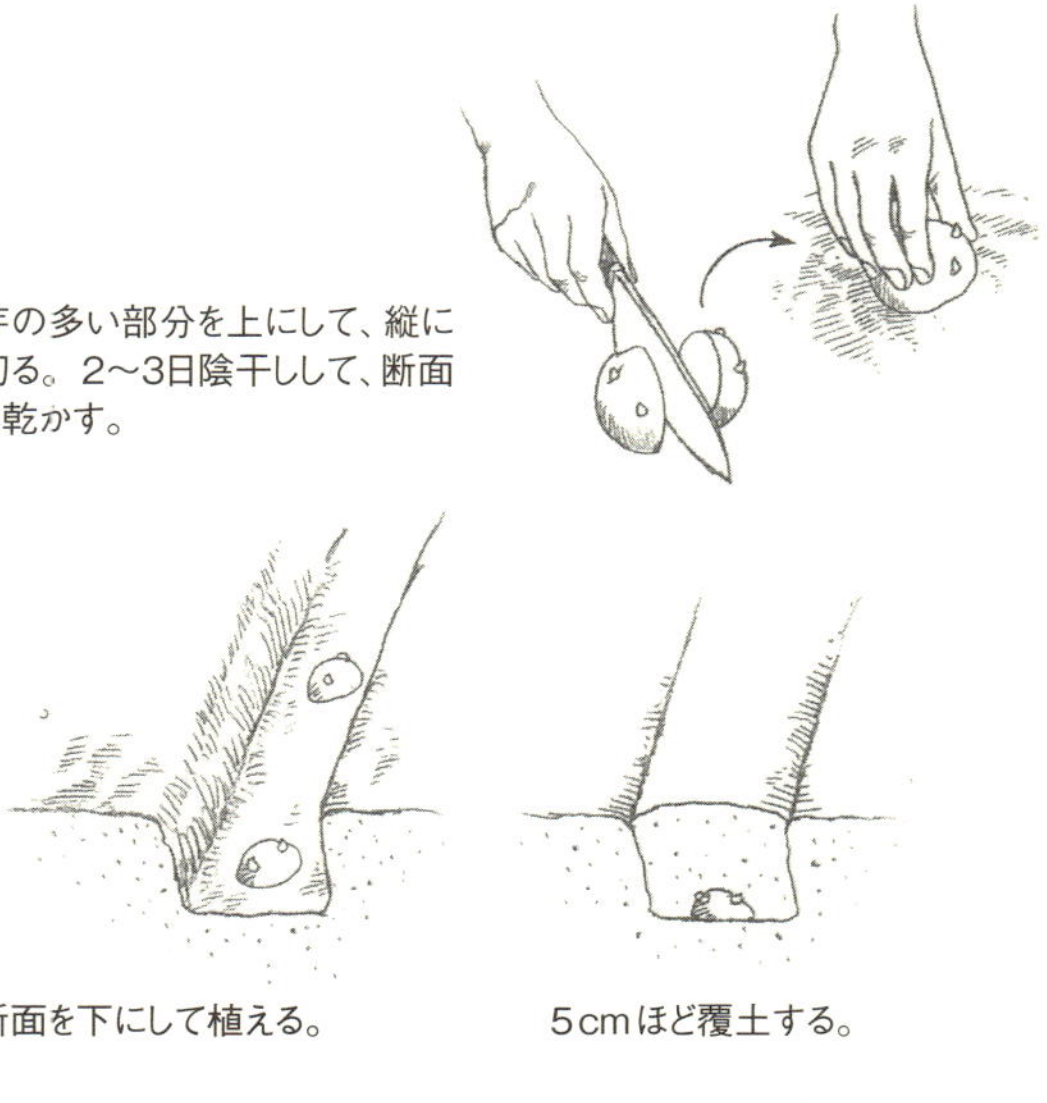

芽の多い部分を上にして、縦に切る。2～3日陰干しして、断面を乾かす。

断面を下にして植える。

5cmほど覆土する。

Q. シュンギクを長期間、収穫したいです

A. 専用品種を選び、摘み取り収穫を行います

シュンギクには、「株ごと一度に収穫」と「若いわき芽の茎葉を順次摘み取って収穫」があります。**収穫を長期間するには、とう立ちの心配がない秋まき栽培で、摘み取り収穫をします。**晩秋にトンネルで被覆するなどして防寒・保温を行えば、露地栽培で2～3ヵ月収穫可能です。

摘み取り栽培は、主茎がある程度伸びたら株元から4枚の葉を残して摘み取り（収穫）、残した葉から出るわき芽がある程度伸びたら、つけ根から2枚の葉を残して収穫します。さらにその葉から出るわき芽を伸ばして収穫します。繰り返すことで、1株当たり数回収穫できます。品種は摘み取り栽培に向く中葉系のシュンギクを選びましょう。春まき栽培はとう立ちが早いので、短期間で収穫が終了する株ごと一度の収穫が適しています。

シュンギクの収穫

秋まき栽培では新芽を摘み取る。わき芽を確認し、下葉を4枚残して、その上を収穫。

シュンギクの防寒

発芽後は10度以上の気温が必要なので、早春はトンネルをかける。冬はビニールトンネルや不織布などで防寒する。

Q. スイートコーンの受粉のコツを教えてください

A. 多くの株を集団で栽培し、なるべく正方形に植えます

スイートコーン（トウモロコシ）の花は、雄花（雄穂）は茎頂、雌花（雌穂）は葉のわき芽（腋芽）に発生する極短い側枝の先端と、別々の位置につきます。ひとつの株で見ると、雄花は雌花の受粉体勢が整う前に開花するので、雌花は同じ株の花粉で受粉する確率が低く、別の株の花粉で受粉する（他家受粉）の割合が高くなり、他の株の花粉が必要になります。そのため他家受粉がしやすいように**10株以上を列数2列以上で、株の配置がなるべく正方形になるようにします。**

株数が少ないときは、開花中の雄穂を雌穂に触れさせて受粉させたり、株を軽く揺らして花粉を飛ばすとよいでしょう。

スイートコーンの植えつけ

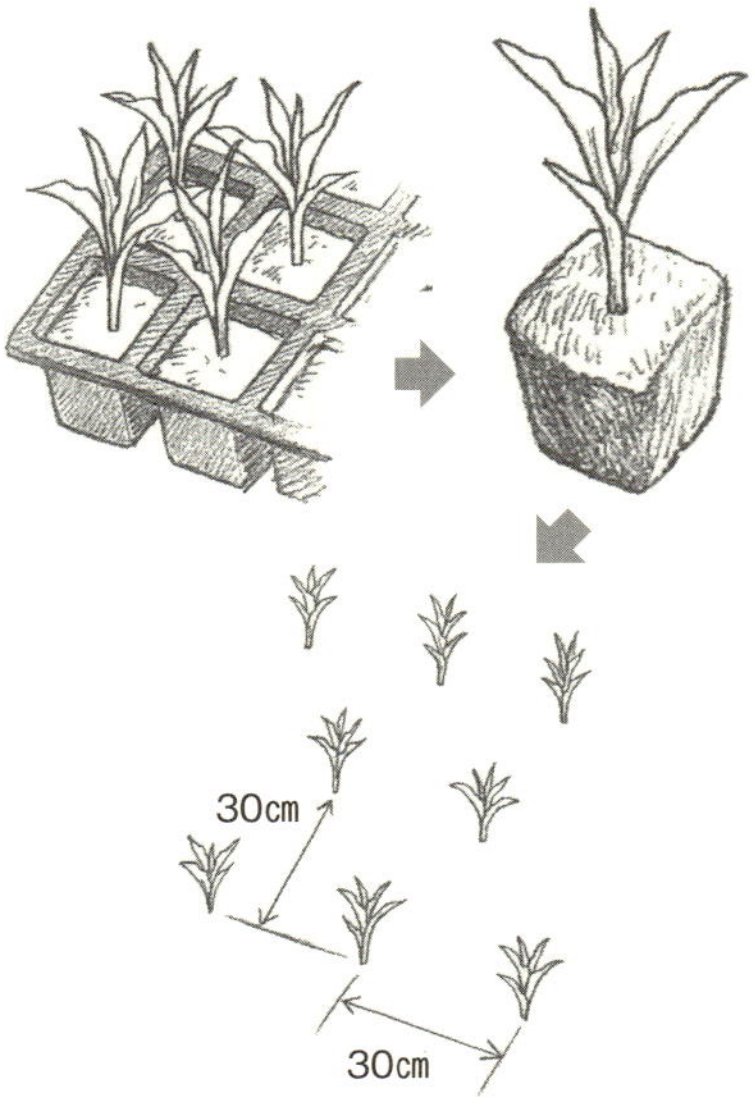

セルトレイなどで苗を作る。直まきもできる。

10株以上を2列以上で、なるべく正方形になるように配植。ある程度数がないと、実つきが悪くなる。

Q. スイートコーンの害虫、アワノメイガはどう防いだらよいですか？

A. 授粉を終え花粉が出なくなった雄穂を、早く取り除きます

スイートコーンの穂の中に虫がいたり、虫食いの痕があったりしますが、これはアワノメイガによる被害です。幼虫は6月ごろから発生し、初期は葉の頂部の筒状部分に集まり、次第に茎の中に入ります。茎内に侵入した虫は入り口に糞を出すのでわかり、雄穂が伸び出すころから被害が現われ、雄穂が折れたり、ふんまみれになったりします。そのような雄穂は早めに取り除くことで、茎や雌穂への被害を少なくすることができます。花粉を出す大切な雄穂ですが、全体の2～3割を取り除いても受粉には問題がないので、**観察しながら被害を受けた雄穂を切り取ります。また、花が咲き終わった雄穂は、無条件に切り取ります。切り取った雄穂には幼虫がついている**ので、速やかに畑の外に出して適切に処分します。

スイートコーンのアワノメイガ対策

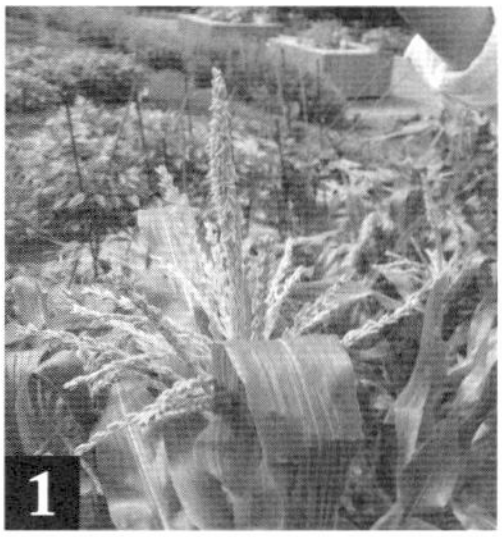

1

雄花が見え出したら、ニーム油かすなどの忌避剤を雄穂にまく。

3

花粉が出終わったら、すぐに雄穂を切り取って処分する。

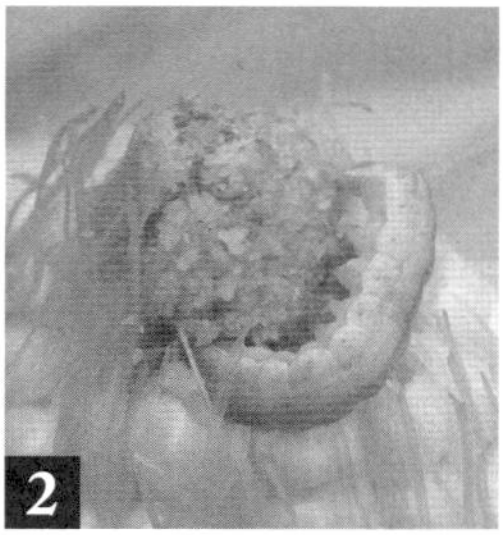

2

トウモロコシの主要害虫、アワノメイガの幼虫。

Q. スイスチャードのタネまきのコツはありますか？

A. タネまきの前に水に浸け、間隔を空けて薄まきにします

カラフルな葉柄が注目される野菜で「フダンソウ」とも呼ばれます。テンサイやテーブルビートと同じアカザ科の仲間です。テーブルビートは主に根を食べますが、葉を食用とするビートがスイスチャードです。

スイスチャードのタネとして販売されているものは、実は果実であり、1個の塊に数個のタネが一緒に入っているので、発芽すると1ヵ所から複数の芽が出てきます。大きい塊は、間隔を1㎝くらいに広げ全体的に薄まきにします。また、**タネの表皮には水溶性の発芽抑制物質が含まれるので、タネをまく前に2〜3時間ほど水に浸すと発芽率が上がります。**ただし、長時間の浸水は酸素不足となり、発芽が悪くなるので注意します。

スイスチャードのタネまきのコツ

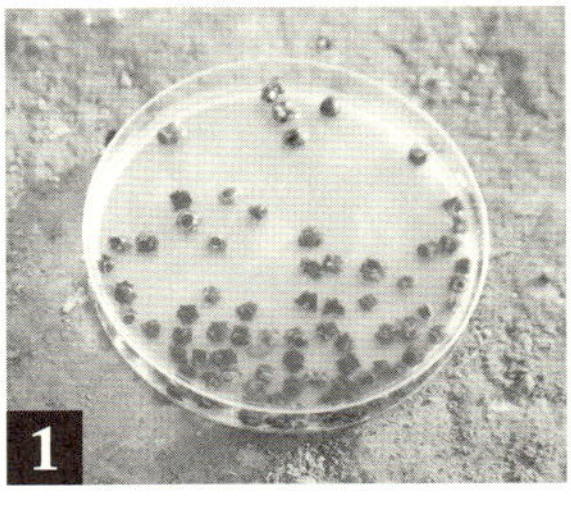

1 種は2〜3時間水に浸けておく。

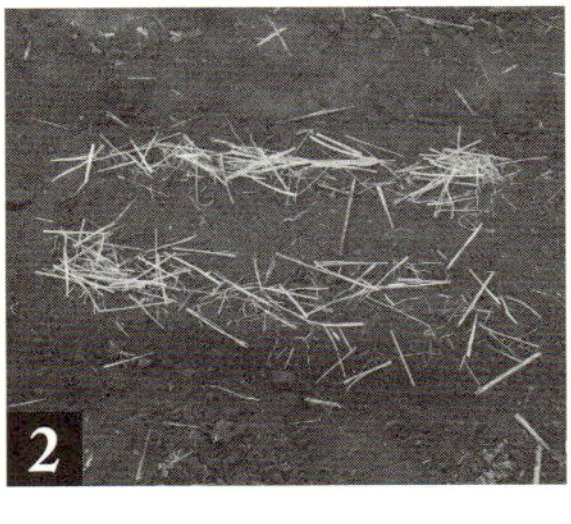

2 切り藁をタネまきした土の上に敷くと、保湿と保温の効果があり、芽が出やすくなる。

Q. ソラマメを去年と同じ場所で育てたら、うまく育ちません

A. ソラマメを同じ場所で育てるには、4〜5年間隔をあけます

同じ場所に同じ野菜、あるいは同じ科に属する近縁の野菜などを続けて栽培すると、去年より生育、収量、品質が劣ったり、病害虫の発生が多くなったりすることがあります。これを「連作障害」といいます。連作障害は、出やすい、出にくい、あるいは出ないなど、野菜の種類によって異なります。

例えば豆類を同一の畑で連作すると、年々生育不良となり、ついにはほとんど生育しなくなります。**ソラマメは、豆類のなかでも特に連作障害が激しく起こるので、前回ソラマメを作づけしたときから4〜5年育てていない場所で、栽培します。**

ソラマメのタネまき

10〜11月上旬に、「おはぐろ」と呼ばれる芽の出る部分を斜め下にする。

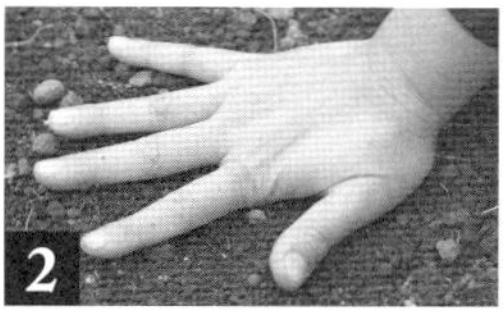

2cmほど差し込むように植え、2cm覆土して、手で軽く鎮圧する。

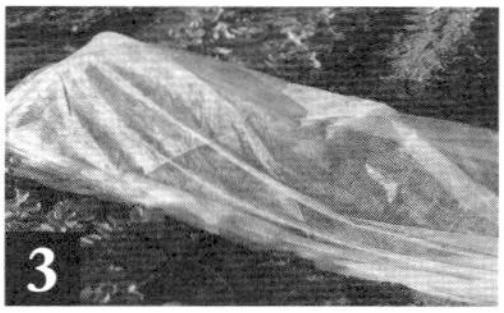

本葉が出そろうまでは、鳥害に注意し、ネットなどをかけて保護する。

Q. ダイコンの「また根」を防ぐコツはありますか？

A. 何回も深く耕し、まくタネの下に肥料を入れません

また根は直根の先端の生長点が何らかの原因で損傷し、先端が分かれることで起こります。何らかの原因とは、未熟堆肥や前作の残渣《ざんさ》などの有機物が土壌中で分解するときに発生するガスや、肥料にぶつかったときの根の細胞内の溶液と土壌溶液との養分濃度差による細胞の損傷、耕盤などの硬い土層などによる根の生長点の損傷などです。

これらを避けるには、**土の中にある小石や藁《わら》くず、粗い堆肥、前作の残渣、雑草などを取り除き、「ダイコン十耕」という言葉があるように、深くしっかりと耕してから、タネまきします。**

ダイコン、ゴボウ、ニンジンを、まっすぐに伸びたよい形に育てるためには、耕土が浅い畑や排水の悪い畑では、土を盛り上げ畝を高くして、少しでも耕土の深さを確保します。前作に野菜を作っている畑や肥沃な畑では、堆肥も元肥も入れる必要はありません。最終の間引きが終わったときに条間に追肥をします。チッソ肥料が畝全体に入ると、直根がまっすぐに伸びません。元肥を入れる場合は条間に溝を掘って入れ、タネの下にチッソ肥料が入らないようにします。

ダイコンの収穫

外葉が垂れたら収穫適期。葉のつけ根を持って引き抜く。収穫が遅れると、スが入りやすくなる。

土が硬いとか小石などがあると、きれいに育たない。

Q. タマネギの貯蔵しやすい作り方を教えてください

A. 小苗を遅く植えて、追肥は2月末までに終えます

タマネギの球は葉の基部が肥大したものです。球の「首」と呼ばれる古い葉で囲まれたくびれた部分は中空で、ここが病原菌の侵入口になります。この首の部分が締まった株にすることが、貯蔵中も腐りにくいタマネギにするポイントです。そのためには、**品種は晩生のものにする、収穫時期を遅らせる（葉茎が半分以上倒れたら収穫する）ことです。**追肥は2月中に終わらせ、遅くまで肥料が効いている状態を避けます。

なお、植えつけ時にネキリムシやヨトウムシの加害により欠株が発生しやすいので、畑の隅に予備苗を用意し、植え替えます。生育期間中の灰色かび病など糸状菌(かび)の発生は、密植を避け、適切な株間（10～15㎝）にすることで防ぎます。

タマネギの収穫

半分以上の株の葉茎が倒れたころが収穫の目安。

ひとつずつ引き抜いて収穫する。

タマネギの病害虫

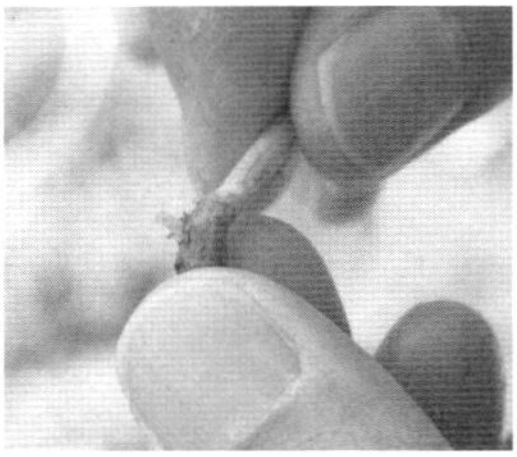

タマネギバエの幼虫が入った株。タマネギは比較的病害虫が少ない作物。予防と早期対処で防ぐ。

Q. タマネギは苗の大きさがポイントだと聞きました

A. 植えつける苗の大きさが、とう立ちの発生を左右します

タマネギは生育とともに株が大きくなり、一定以上の大きさになって低温（10℃以下）に遭うと、花芽を分化し、とう立ちをするようになります。低温への感度は品種によって異なり、同じ品種でも大きな苗ほど敏感で短い低温期間で花芽ができます。とう立ちすると球の中心部を花茎が貫通し、品質、収量に大きなダメージを与えます。

早まきや早植えで生育が進み大きくなった場合にとう立ちしやすくなるので、栽培地の気候に合わせて品種や植える時期を選び、植えるときの苗の大きさに十分注意します。苗が小さすぎると冬の間に十分に根を張れず、春に勢いよく育つことができないため、よいタマネギを収穫することができません。株元の白い部分の太さが4～5㎜のものが理想です。

タマネギの植えつけ

タマネギの苗。大きければよいものでもない。育ち方に注意する。

深さ約3cmの穴をあける。

根が隠れる程度の深さに1本ずつ植える。

左右の土を寄せる。苗の白い部分が少し見えるくらいにする。

Q. チンゲンサイが適正な形に育ちません。なぜですか？

A. 葉の混み合いや栽植密度の高さなどで、十分な日照がないためです

チンゲンサイは冷涼な気候を好みますが、夏も栽培できます。また、低温に当たると花芽ができ、長日条件下で花茎の伸長が起こるので、春はとう立ち・開花しやすくなります。本来は草丈が低めで、尻（葉身下部）が丸く張り葉がよくまとまりますが、花芽ができると形が崩れます。高温下の栽培では尻部の節間が伸び、張りが少なくほっそりした形になります。節間の伸長は低日照下でも起きるので、栽植密度（畝間と株間）にも注意が必要です。また、秋冬期に畑に長く置くと、茎の基部の白いところが厚くなり、ずっしりしますが、筋張った食感になり食味も落ちます。**適正な形に育てるには、きちんと間引きをして株張りのスペースを作ります。特に春は葉が混み合わないように、早めの間引きが大切です。**

チンゲンサイの間引き

1

葉が触れ合わない程度に、成長するごとに間引く。

2

間引き後は株元にしっかり土寄せする。

チンゲンサイ

早めの間引きで正しい形に育てる。

Q. なぜトマトは収穫した後に下葉を取るのですか?

A. 風通しをよくして、古い葉が病害虫の感染源になるのを防ぎます

トマトは通常1本仕立てにします。花芽が茎頂にできると伸長は終わって、そのわきにできる分枝が伸びます。分枝は3葉発生した後に花芽ができて終わり、またそのわきの分枝が伸びる、これを繰り返すので、一見、1本の主枝がそのまま伸びているように見えます(※)。

分枝単位で見ると3葉ごとに1果房を養うことになり、**花房の収穫が終わると、それに対応する3葉の役割も終わります。役割を終えた葉は急速に老化し衰え、病害虫のすみかとなります。この葉を放置すると、二次感染につながるため摘葉します。**

花房のすべての果実を収穫したら、その花房の下の葉を摘葉し、収穫が終了した花房の下には、葉が1枚もない状態にします。

トマトの収穫

1 全体が濃い赤になったら収穫適期。果柄の節を90度に折って収穫する。

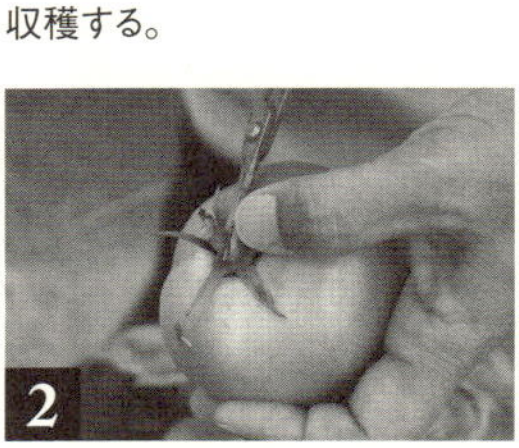

2 果柄を切って短くし、他の果実を傷つけないようにする。

トマトの下葉の処理

収穫が終わるごとに、収穫が終わった花房よりも下についている葉は、切り取って処分する。つけたままだと株の傷みや病害虫の原因になる。

※分枝の葉は、外見上花房の上に1枚、下に2枚になる。

Q. なぜトマトは適期の芽かきが必要なのですか？

A. 日当たり、風通し、適切な養分配分を確保するためです

1本立ち栽培では支柱を立てて株を支えますが、支柱の長さや栽培期間、手が届く高さを考え、一定の高さで摘心を行い、それ以上に丈が高くならないようにします。その摘心の時期まで、**葉のつけ根から伸びるわき芽はすべてかき取り、1本仕立てを維持します。これにより、養分が枝葉に取られるのを防ぎ、主枝の伸びがよくなり実も充実します。**

わき芽をかき取った傷口が大きくなると、病原菌の侵入場所になるので、あまり大きくならないうちに取ります。しかし、わき芽が伸びると根の伸張もよくなるので、苗が小さいうちに出るそばからかき取るのは、生育を悪くします。5～10cmの大きさでかき取るとよいでしょう。それ以上の大きさはハサミを使用します。

トマトの支柱立て

トマトは草丈が伸びるので、支柱を立てる。長さ210～240cmの丈夫な支柱を地面に深く挿し込んで組む。

トマト誘引と芽かき

1 枝が伸びるごとに支柱に誘引していく。

2 先端が支柱の先に届くまで、わき芽はすべて取る。

Q. トマトの芽かきは、なぜハサミではなく手でかき取るのでしょうか?

A. 手でかき取ると傷口の治りが早く、病原菌が伝染しにくいためです

害虫や栽培管理作業、強風などで植物体に傷口ができると、病原菌が侵入しやすくなります。わき芽の除去時の傷もそのうちのひとつです。**ハサミで切ると刃先からの病原菌の伝染に加えて、切り口の細胞をつぶすので傷の治りも遅くなります。一方、わき芽を手で除去する方法はハサミの使用より病原菌の侵入の危険性が低く、傷口もつぶれないので治りやすくなります。**

わき芽の先端に近い部分をもち、もう一方の手の指で茎のわき芽に近い部分を支え、折るようにちぎると、傷口に手を触れずにわき芽を取ることができます。

また、病気の株の芽かきは一番最後に行い、その後は手を洗うようにします。取った部分がすぐに乾くように、晴天の日に行うことも重要です。

トマトの受粉

1 花房を軽くたたいて揺らすと、受粉しやすくなる。

2 追肥は、第1花房の第1果が500円玉程度になってから与える。

芽かきは手で

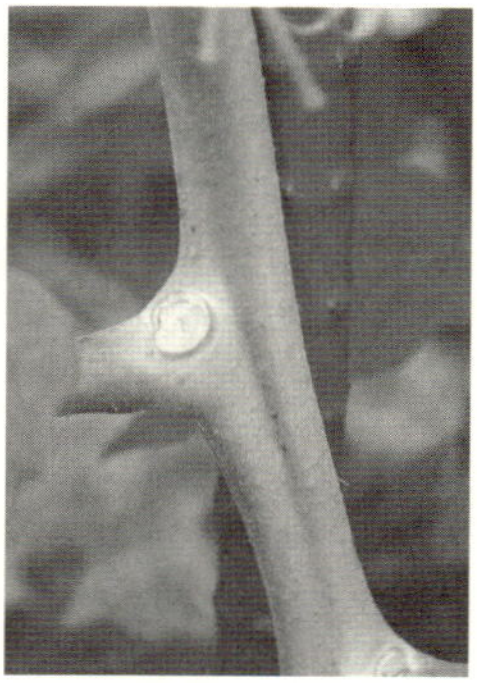

トマトの芽かきはハサミは使用せず、手で折り取る。ハサミで切るより傷口から病原菌が侵入しにくく、回復が早い。写真は摘み取った傷口がふさがりつつあるところ。

Q. なぜトマトとニラを一緒に植えるとよいのですか？

A. ニラの根に繁殖する菌がトマトを病気になりにくくします

植物の根の周辺（根圏）には、植物の根から排泄される物質をエサにして繁殖する微生物が生息しています。これら根圏の微生物のなかには、病原菌もいますが、病原菌を防ぐ微生物もいて、「拮抗菌」と呼ばれています。**ニラの根圏には、トマトに病気を発生させるフザリウム菌やバーテシリウム菌などに拮抗する菌が生息するので、トマトの土壌病害を発生しにくくします。**トマトだけを栽培していると、同じエサを利用する微生物が増えることで、微生物の種類が単純化、病原菌も増えるために病気にもなりやすくなりますが、双子葉植物のトマトと単子葉植物のニラを一緒に植えると、それぞれから異なった物質が排出されるので集まる微生物も異なり、根圏微生物の多様性が増します。それによって微生物の種類の単純化を回避できるので、それだけでも病原菌が増加するのを防ぐことにつながります。

なお、ニラではトマトの他、ナス、ピーマンなどのナス科野菜の組み合わせが、長ネギではキュウリ、スイカ、カボチャなどウリ科野菜との組み合わせが、よい結果をもたらします。

トマトとニラ

ニラと植えると、トマトの土壌病害を発生しにくくする。
ニラではナス、ピーマンなどのナス科野菜の組み合わせが、キュウリ、スイカ、カボチャなどのウリ科野菜では、長ネギとの組み合わせが、よい結果をもたらす。

Q. トマトが伸び過ぎて、背より高くなってしまいました

A. 主枝が支柱の高さまで伸びたら、主枝の先端を切り取ります

主枝が支柱の高さ、あるいは手が届かなくなるくらいまで伸びたときは、５段目か６段目くらいまで花房がついているはずなので、**最上段の花房の上に葉を２枚残して主枝の先端をハサミで切り取ります（摘心）。摘心後も多少芽は伸びるので、摘心の位置を花房の数で決めてもよいでしょう。ミニトマトの摘心の位置は、８〜９段目を最上段としても大丈夫です。**

主枝の先端の芽が大きくなってからの摘心は、尻腐れ病などの果実の障害の原因になるので、芽が小さく茎が細いうちに行います。そのほうが傷口も小さくて治りも早くなります。摘心をしたら、その後のわき芽は取らずに放任し、根の活性を維持します。ミニトマトでは、わき芽からの収穫も楽しめます。

[トマトの摘心]

トマトの摘心

トマトが目の高さまで伸びたら、先端を摘んで伸長を止める。これ以降は、わき芽を放任してよい。

Q. 長ネギの土寄せのタイミングがわかりません

A. 葉の分岐部を目安に、上に伸び出した葉の成長に合わせて行います

長ネギは白い部分を長くするために土寄せを行いますが、地中深くに埋めると上手く育ちません。深さ20cmほどの溝を切ってその底に苗を置き、日当たりのよい側の壁に沿わせ、根が隠れる程度に土を軽くかぶせます。**葉が分岐している部分に生長点があるので、埋めないようにします。**その後に乾燥防止と空気の層を作るために、藁《わら》を分岐部まで入れます。この後の土寄せは、ネギの成長に合わせて行い、空気を好むネギの根は上へ上へと伸びるので、追肥は寄せた土の上部に施します。1回目の土寄せは活着して苗が立ち上がったころに藁が隠れる程度、その後も成長に合わせて白い部分を埋めるように行います。頻度は1月1回くらい、収穫までに3〜4回行います。追肥は2回目までです。

長ネギの土寄せ

植えつけ2週間後に、1回目の追肥と土寄せ。

1の1ヵ月後に追肥と土寄せ。反対側も行う。

さらに、2の2〜3週間後に土寄せ。

収穫の30〜40日前に、4回目の土寄せ。

Q. ナスはどうして3本仕立てにするのですか？

A. 果実負荷に見合った葉数の確保と草勢維持に適しているからです

ナスは茎が灌木のようになり、根も太くよく張ります。強健性なため長期に栽培されることが多く、整枝方法がいろいろと編み出されています。花房のつき方はトマトの3葉ごとに1花房に対して2葉ごとで、花房当たりの果数はほとんど1果です。さらに、肥大途中の小さな未熟果を収穫するので、**1葉あたりの果実負荷はトマトより軽く、トマトの1本仕立てに対して、3本仕立てが行われます。**より長期に栽培する場合は、2〜4本に仕立て、誘引と整枝、摘心、切り戻しなどで、草勢を衰えさせることなく収穫できるようにします。春からの露地栽培など、栽培期間が比較的短い場合は強い整枝は行わず、主枝3本を仕立て、混み合った枝を果実の収穫の後に適宜切り戻すだけで十分です。

ナスの支柱

1 苗を植えたら、仮支柱を立てて誘引する。

2 草丈が伸びたら、1.5〜2mの丈夫な支柱の2本立てにする。

3 さらに伸びたら、支柱が均等になるように1本足して3本仕立てにする。

4 株元を中心に、3方向に均等に枝を伸ばす。

Q. 米ぬかをまくと、どうしてナスの病害を抑えられるのですか？

A. ナスに親和性のある菌が増え、病原菌の増殖を抑えます

葉の表面には、カビ、酵母、細菌など多くの微生物が生息していることが知られています。リンとチッソが適度に含まれている米ぬかは、これら微生物の格好のエサとなり、葉面の微生物を豊かにします。

これらの微生物は、葉からの分泌物やはがれた細胞などを分解して葉面をきれいに保つなど、共存する植物との親和性が高いものが多くいます。

さらに、**栄養分を病原菌と奪い合い、病原菌と拮抗する役割を果たし、抗菌物質を出す葉面微生物もいて、病原菌から植物を守る働きをします。**さらに、米ぬかを通路にまくことでも土着菌を増やし、病気の予防になります。

藁《わら》を敷く

ナスは夏の乾燥に弱いので、日差しが強くなったら、藁を敷き、高温と乾燥から守る。

米ぬかをまく

藁の上から米ぬかをうっすらとまくと、病気を抑制できる。

Q. なぜナスの第1果を小さいうちに収穫するのですか？

A. 負荷を減らし、長く草勢を保つためです

ナスは栽培が比較的長期になるので、それに耐える体力を生育初期につける必要があります。定植して1ヵ月程度で果実がなり始めますが、生育初期の果実を大きくすると、株への負担が大きくなり草勢が衰え、栽培の途中で息切れ状態になってしまいます。

そのため、**生育初期の果実、特に第1果は小さいうちに収穫して株の負荷を減らします。**長卵形のナスでは第1果は長さ6～7㎝、70g程度で収穫するとよいでしょう。収穫が本格化しても、100g程度の幼果を若取りし、絶対に大きくしないことです。大きくしすぎると草勢が衰え、花が咲いても落ちてしまいます。若取りを何度か続けると落花が少なくなり、結果として多収に繋がります。

第1果の摘果

株がまだ小さいので、栄養を取られないように第1果は摘果するか、小さいうちに収獲し、株の成長を優先させる。

下葉の処理

第1果を収穫するときに、3番目の主枝から下の葉をかき取り、風通しをよくする。

Q. ナスはなぜ、誘引とわき芽の摘心が大切なのですか？

A. 過繁茂による日当たり不良、栄養不足を防ぐためです

ナスはわき芽が伸びて枝分かれし、さらにその分枝（わき芽）も同じように枝分かれし、それぞれに花をつけます。**分枝を放置すると、果実は限りなく増えますが、すぐに疲れて、果実が小さくなり落葉するなど、草勢は衰え、短期間で終焉を迎えます。**これは、茎葉が混み合い葉に日が当たらず、主枝から遠い分枝に栄養が行き渡らないためで、**防ぐには誘引やわき芽の摘心などの整枝が不可欠です。**株元に近いところで分枝させ3本の主枝を決めたら、主枝からの分枝は1花を残して、その上の葉の上で必ず摘心します。その分枝の果実を収穫した後に、葉1～2枚を残して切り戻し、残した葉の葉腋からの分枝を伸ばして着果させます。この繰り返しにより、主枝から出る分枝は短く保たれて過繁茂が防げます。

ナスの分枝（わき芽）の管理

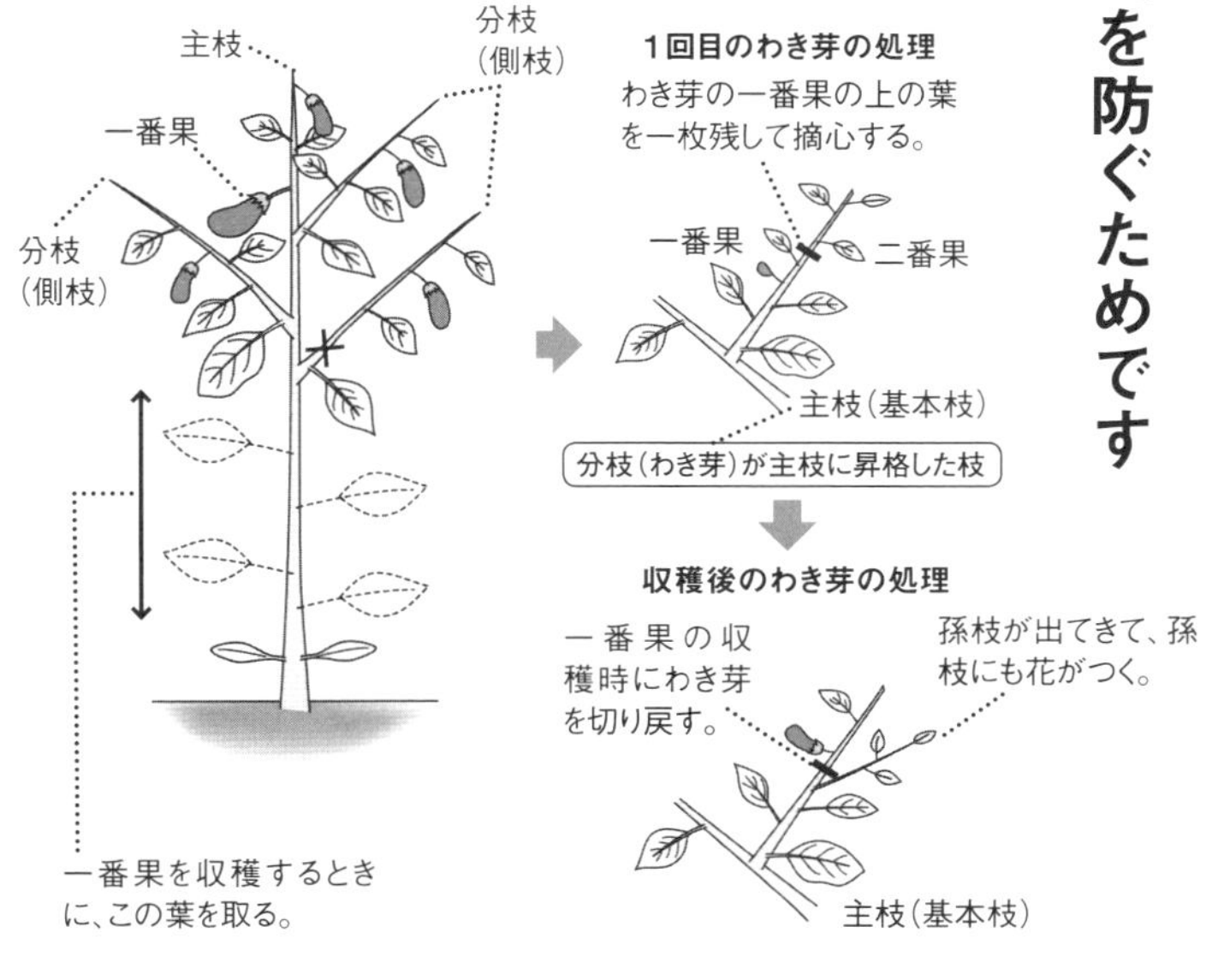

Q. ニンジンのタネをまきましたが、うまく発芽しません

A. タネまき前後の鎮圧をしっかり行うと、発芽がそろいます

ニンジンの発芽率は他の葉根菜類のタネに比べて低く、発芽日数は夏期で1週間、厳寒期には1ヵ月もかかります。秋冬栽培では梅雨時にまくのが一般的で、理想のタネまき適期は梅雨あけ前の雨が降った翌日で、雨が降らなかったときは水をまいて湿らせておきます。しかし、**何よりも大切なことは、タネまき前後の鎮圧です。**角材などを押しつけるようにして鎮圧しまき溝を作ります。タネをまいて覆土したあと、上から鍬の刃床の裏などで強く抑えるか、足で踏むなどして再びしっかりと鎮圧します。発芽時における酸素要求量が高いので、覆土は厚くしてはいけませんが、タネと土を密着させることで吸水しやすくします。タネまきした後にモミガラなどを置いて乾燥防止に努め、晴天が続くようならば、発芽するまで毎日午前中に水をまきます。

ニンジンのタネまき

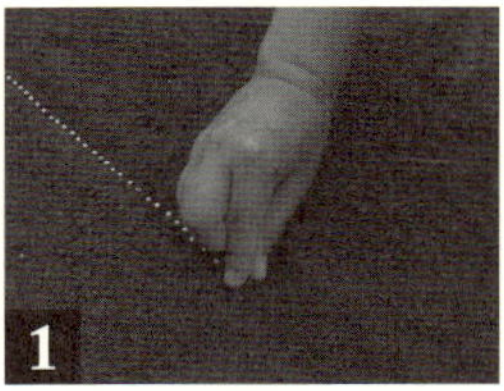

すじまき後、両側から土を寄せ、5mm覆土する。

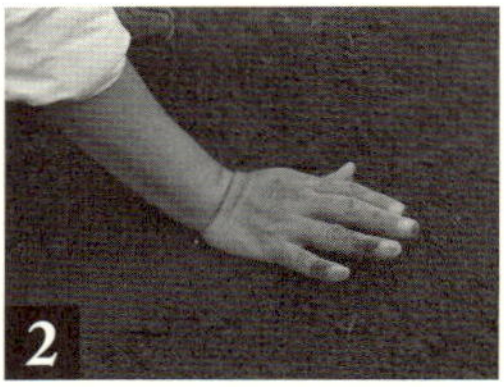

上からしっかりおさえて鎮圧する。

モミガラを均一にまき、上からしっかりおさえる。

たっぷり水やりして発芽まで乾かさない。

Q. ニンジンはどうして初期生育が大切なのですか？

A. 初期の吸水力が弱く、生育不順は裂根も起こしやすい

ニンジン（セリ科）は水を好むので、土壌水分が適度に保たれていないと発芽しません。しかし、多ければよいわけでなく、過湿は発芽率を悪くします。また、ニンジンの葉は切れ込みが深く葉面積が小さいので、葉が混み合った状態が好ましく、すじまきをして生育初期は「友育ち」にします。常に葉が触れ合う程度の間隔を維持し、間引きしすぎないよう注意します。**間引きを怠ると光の奪い合いになって、細いニンジンになってしまいます。**小さすぎるものや生育のよすぎるものを取り除き、中くらいの大きさのものを残しながら、**最終株間の10～15㎝にするまでは、こまめな間引きが必要です。**最終間引きを終えたら条間を中耕し、ニンジンの肩が露出しないように株元に土寄せします。

間引きと土寄せ

1
本葉3～4枚のころ、4cm間隔に間引く。

2
間引いた後を埋め、土寄せする。

3
本葉5～6枚のころ、10～15cm間隔に間引く。

4
追肥して両側を軽く耕し、株元に土寄せする。

Q. ハクサイの葉が広がってしまいます。どうしたらよいですか？

A. 適期のタネまきと堆肥たっぷりの畑で、株間を十分にとりましょう

通常ハクサイは秋まきにし、最初は葉が広がって成長し、冬になる前に葉が立ち上がり始めます。生長点付近の狭い空間に多くの葉が展開し、ぎゅうぎゅう詰めになり結球します。まず、**大きくて丈夫な外葉が育ち、その栄養で新葉が展開する状況にならないと結球しません。**

なお、タネまきが遅れて発芽して間もなくの幼植物のときに、12℃以下の低温に1週間以上遭うと、花芽ができて葉の分化が止まり、葉の枚数が確保できなくなります。逆に、早くまきすぎると病害虫に襲われます。**選んだ品種と地域に適した時期にタネまきします。**さらに、急速な葉の増加に対応するために、肥料と水やり、広く張る根群形成のための肥沃な土壌と、十分な株間が必要です（条間60㎝、株間40㎝）。

広がった葉の処理

1

ハクサイは、一度寒さに当たるとおいしくなるが、霜害の対策も必要で結束が行われる。

2

広がった葉を中央に集める。

3

葉の上部を麻ひもなどでしばり、外気に当てないようにすると、1～2ヵ月、畑で保管できる。

Q. ニラは植えっぱなしでも毎年収穫できますか？

A. 3〜4年ごとに株分けすれば、作り続けられます

ニラは野菜の中では珍しく多年草で、寒さに強く休眠状態で越冬します。半日陰でも育ち、丈夫で作り方のコツなどのない簡単な作物です。空いた畑や畑の縁に土留めとして植えます。春まきは3月、秋まきは9月にセルトレイなどにタネをまき、春まきは6月、秋まきは翌年4月に、15cm間隔で1ヵ所に5苗くらいをまとめて植えます。春まきは翌年の春まで、秋まきは翌年の9月まで株を充実させ、収穫しないようにします。その後20〜25cmの長さになったら、地際部から3〜4cmのところで刈り取り収穫します。**最初のものは葉が硬いので捨て、その後は年に4〜5回ほど収穫できます。3〜4年経つと、株が密生し生育が衰えるので、春先に株を掘り上げて5〜6本ずつにして植え直すと、さらに続けて採れます。**

ニラのポイント

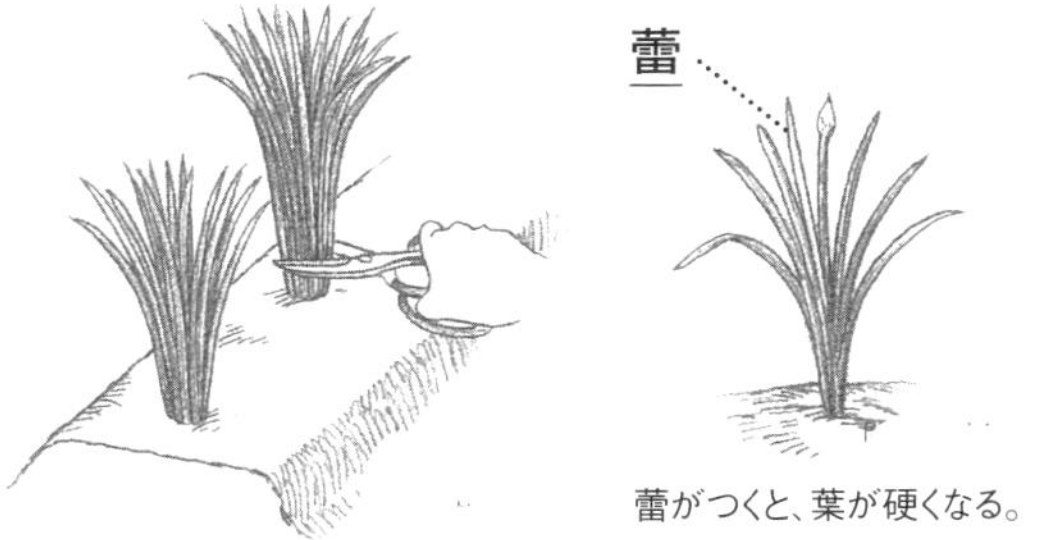

蕾がつくと、葉が硬くなる。

花が咲くと株の充実が遅れるので、花茎を利用するものを除き、蕾が開かないうちに摘み取る。

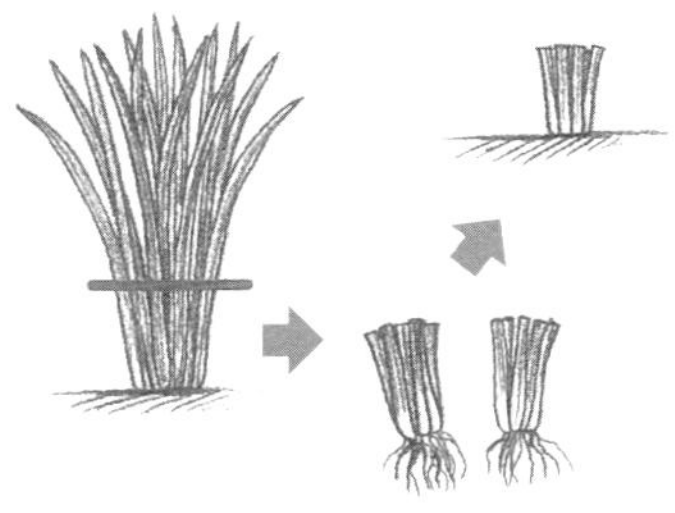

3〜4年経ったら春先掘り上げ、5〜6本ずつにして植え直す。

Q. バジルを長期間栽培するコツを教えてください

A. 側枝を多く出させ、花蕾《からい》が開く前に摘心し老化を防ぐ

バジルは高温を好むため、露地での栽培期間は5月ごろ~10月ごろまでです。4月末に本葉が4~6枚の市販苗を購入して植えつけると長く栽培できます。バジルは主枝の各節に2枚の葉が対生し、10節（20葉）になると茎頂に蕾《つぼみ》がつきます。主枝の各節の葉腋からは側枝が出て、主枝同様に一定枚数の葉をつけると先端に蕾をつけますが、一番下位節から出る側枝につく葉の数が一番多く、上位節に行くほど葉の枚数は少なくなり、少ない節数で花が咲いてしまいます。**主枝が5~6節（葉数10~12枚）まで伸びたところで摘心し、側枝も適宜摘心すると2次側枝が出てくるので、若い食べごろの葉がいつでも収穫できます。花を咲かせると葉が硬くなるので、若い芽を次々に収穫して老化させないようにします。**

摘心

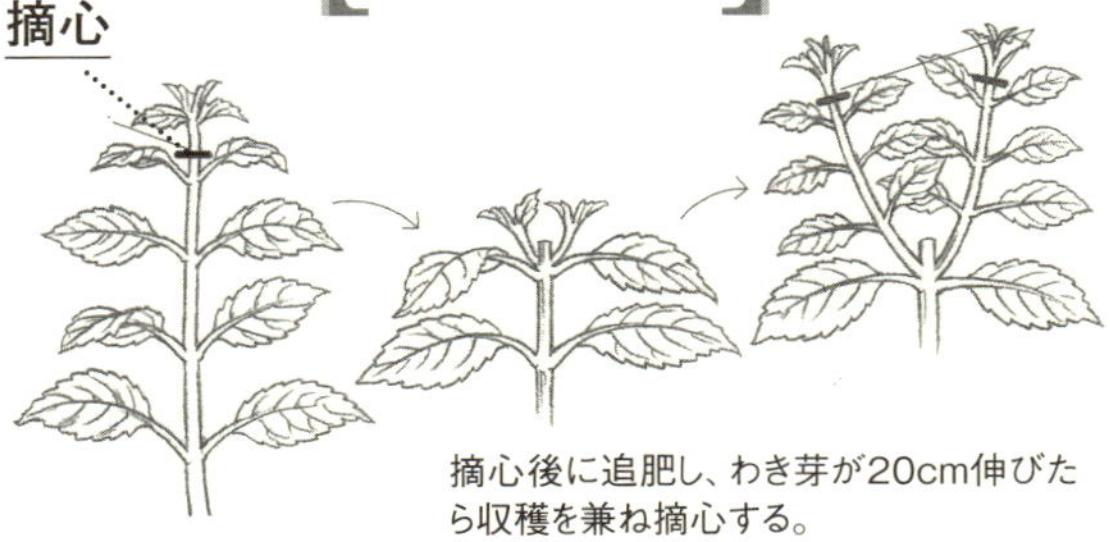

摘心後に追肥し、わき芽が20cm伸びたら収穫を兼ね摘心する。

花穂は出させない

花穂が出ると、葉や茎が硬くなって風味が落ち生育が止まるので、花穂が出たらすぐに摘む。

Q. なぜピーマンを茂らせるといけないのですか？

A. 根が浅く倒れやすい上に、枝が弱くて折れやすいからです。

枝が折れやすく裂けやすいピーマンを上手に育てるには、すっきりと4本仕立てにします。一番花から下のわき芽はすべて除去します。ピーマンは花の部分で枝分かれ（分枝）するので、一番果の根元から出たわき芽および二番目の分枝から4本だけ残し、これを最後まで伸ばす枝にします。支柱は3本立て、一番果付近で開度120度で交差させ、上に開くように立てます。こまめに誘引し枝が折れないように注意します。わき芽にも花がつくので、1～2花を残して摘心し、わき芽からも収穫します。混み合った部分のわき芽や収穫が遅れて大きくなってしまった果実も取り除き、下のほうから再三出るわき芽もかき取ります。すっきりと整枝することで地上部の重さで倒れることもなくなり、新芽が次々に出てきます。放っておくと、花はつくけれど実のなりが悪い株になります。**定植直後の苗についても枝がもろいので、大雨や強風で折れてしまうのを防ぐために支えが必要です。**定植と同時に仮支柱を斜めに差し、風に揺られないように固定します。

支柱と整枝

ピーマンは第一花のところで分枝する。2本に分枝したときは、次の分枝で4本になるので、4本を主枝にする。第一分枝で3本に分枝した場合は、そのまま3本仕立てにする。

Q. なぜ ピーマンはハサミで収穫するのですか？

A. 枝が折れやすいので、収穫時に揺さぶらないためです

ピーマンはナスやトマトと同様に高温を好む作物で、高温要求性はナス、トマトよりも高いのですが、**根は細く、茎や葉の強靭性や耐暑性は劣り、栽培するうえでは繊細な野菜です。**

本葉が11~12枚になったころに、新葉を作り出していた生長点が花芽になります。花がつくとその着花部で2本に枝分かれし、各々の枝の1節目に花が咲き、その部分からまた2本に枝分かれし、また1節目に花が咲き枝分かれすることを繰り返します。

二股の分かれ目に実がなるので、収穫の際に手でちぎったり、揺さぶるなどの力をかけると、枝が折れたり二股の分岐点で裂けたりしてしまいます。そのため、**収穫は必ずハサミで行います。**

【収穫】

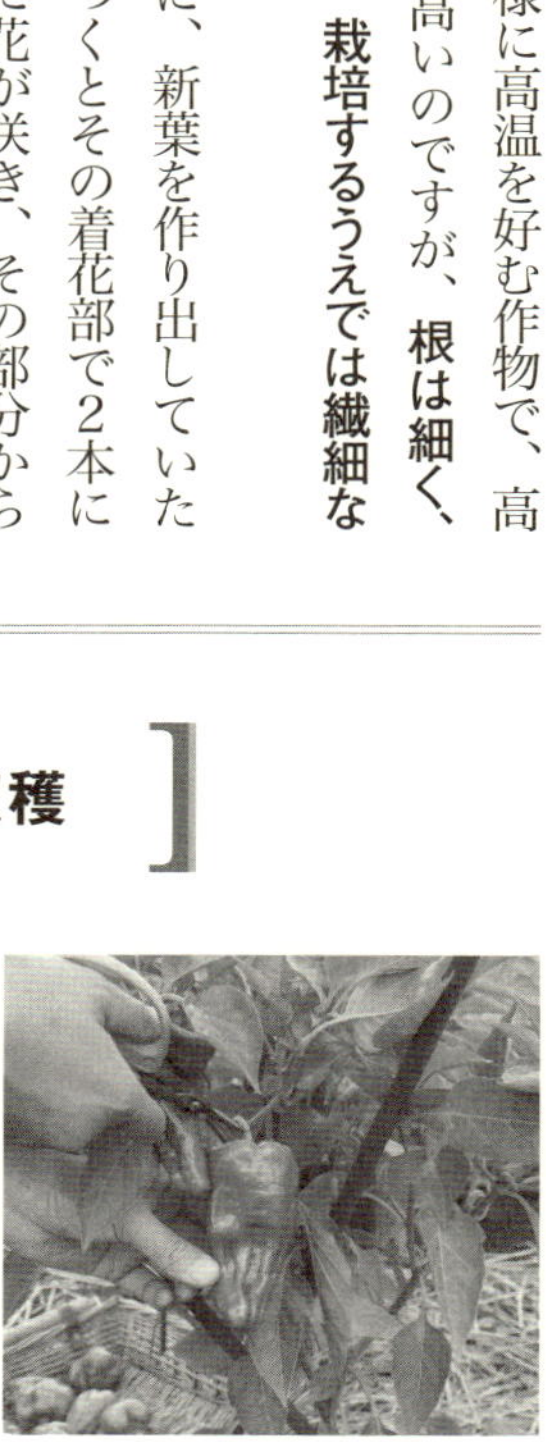

収穫は、必ずハサミを使う。早めに収穫したほうが、株が疲れない。

第三分枝(③)以降は二股に枝分かれした太いほうの分枝4本を残す。細いほうの分枝は3葉を残し摘心し1果を収穫する。

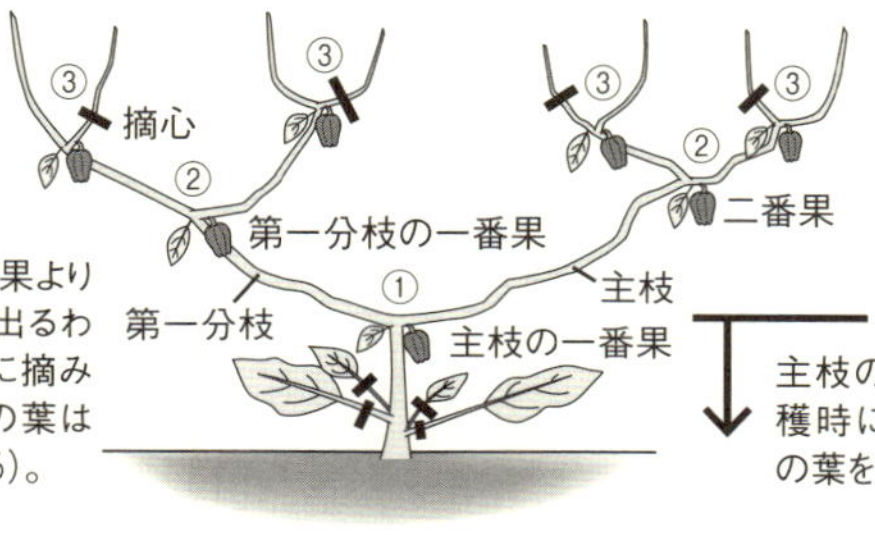

主枝の一番果より下の葉から出るわき芽は早めに摘み取る（実際の葉は8～9枚ある）。

主枝の一番果の収穫時に、ここから下の葉をすべて取る。

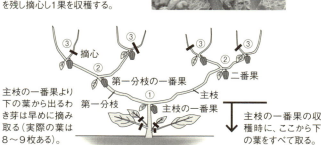

Q. なぜ茎ブロッコリーは、手で収穫するとよいのですか？

A. 残すわき芽を傷めず、収穫による病気の伝染を防ぐためです

茎ブロッコリーは、ブロッコリーと茎や花を食べるアブラナ科の野菜とを掛け合わせて作られた新野菜です。ブロッコリーとは異なり、花とともにアスパラ風味の茎の部分を楽しむ野菜で、頂花蕾を早めに摘心してわき芽をたくさん出させ、茎（側枝）を伸ばして先端の花と茎を収穫します。**頂花蕾の摘心はハサミで切り口が斜めになるようにします。しかし、側枝の収穫では、枝が密生しているため、刃先で周囲の茎を傷つけるので、手で折って収穫します。**茎が少し硬くなりポキッと折れる位置で折ると、傷口からの病気の伝染を防ぎます。また傷口が乾きやすいように、収穫は晴天の日の午前中に行うようにします。手で折りにくいときは、他の茎を傷つけないように注意してハサミを使います。

茎ブロッコリーの収穫

1　頂花蕾を切り取った後、わき芽が出てくる。

2　伸びたわき芽を手で折り取って収穫すると、折り口の治りが早く、病気になりにくい。ただし、ハサミを使用してもよい。斜めの切り口は水がたまりにくく、病気のリスクが減る。

Q. なぜ茎ブロッコリーは、頂花蕾を早めに収穫するのですか？

A. 頂花蕾の摘心により、側枝を増やすためです

茎ブロッコリーは、側枝の茎とその先端の花蕾を食べます。養分は株の先端の頂花蕾にたくさん集まるので、いつまでも頂花蕾があると側枝の伸びが悪くなります。頂花蕾も食べられますが、**収穫の目的は側枝なので、側枝を増やすために早めに茎を短めに収穫します。**これで摘心と同様の効果が期待できます。

おおむね、頂花蕾が直径2～3㎝になったら、先端から5㎝の位置で切り取ってしまいましょう。あまり低い位置で切り取ると、側枝の数が減ってしまいます。苗を植えてから50～60日で頂花蕾を収穫し、側枝は長さが20㎝以上になり、花蕾が10円玉大になったころに収穫するとよいでしょう。

頂花蕾を早めに摘心

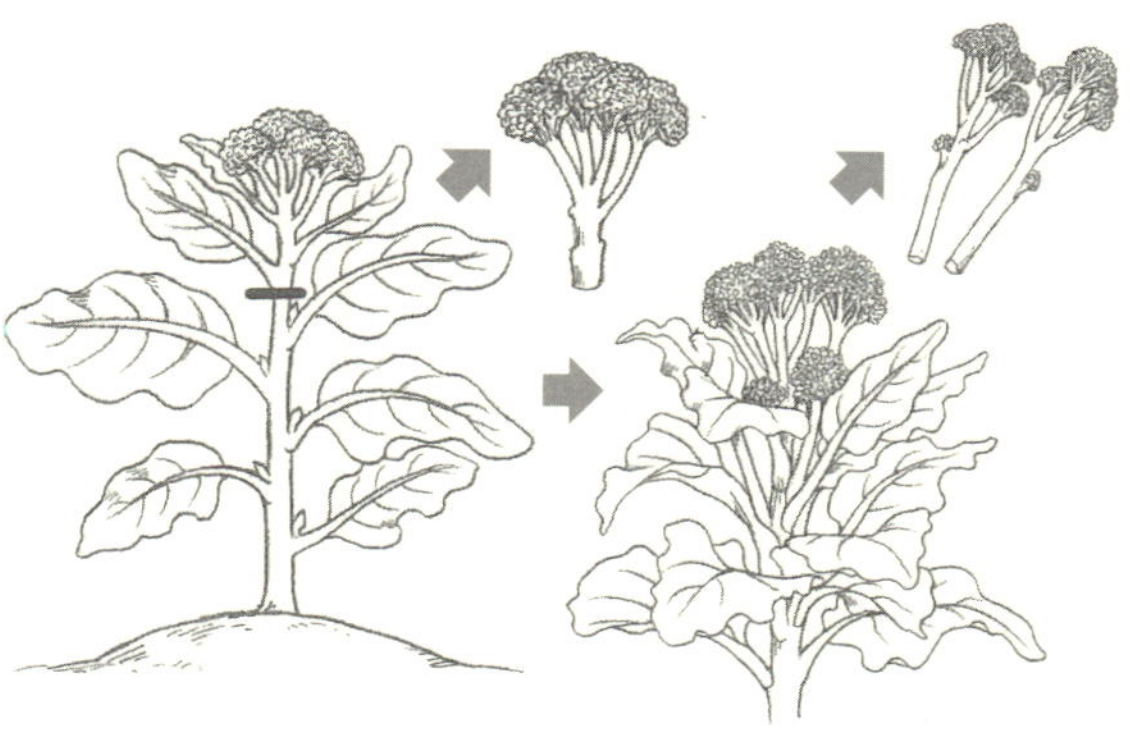

頂花蕾が500円玉大になったら、すぐに切り取って収穫。早くわき芽を出させるようにする。

側枝が20㎝になったら収穫。

Q. なぜホウレンソウは品種選びが大切なのですか？

A. 品種による生態の違いが、栽培時期と品質に影響します

栽培されている品種の多くは、西洋種に東洋種の遺伝子を入れた「交雑固定種」や、西洋種と東洋種の「一代雑種（F1）」です。東洋種の葉は深く切れ込み、西洋種の葉は切れ込みがない丸い葉です。

栽培上では、日長に対する両者の感受性の違いが、品種の選択に大きく影響します。ホウレンソウの花芽分化は長日と低温で誘起され、長日の効果が圧倒的に強く現れます。東洋種は西洋種よりも敏感で、株が小さいうちに「とう立ち（抽苔）」してしまいます。西洋種は晩抽性で長日の影響を受けにくいので有利であり、この長所を取り入れた交雑種が普及しています。**交雑種においても晩抽性のレベルはさまざまなので、季節に対応した品種を選ぶ必要があります。**

とう立ちとは、花をつける茎が伸びることで、とう立ちすると新しい葉の分化や古い葉の成長が止まり、味が落ちます。

Q. ホウレンソウを育てていたら、葉が黄色くなってしまいました

A. pHが低い酸性土壌ではリン酸が不足して黄化、生育不良が起きます

肥料を与えているのに葉が黄色くなる場合は、リン酸欠乏が考えられます。リン酸は火山灰土壌と酸性土壌（低pH）では、土壌中のアルミニウムなどと簡単に結びついて難溶解性（溶けにくい）の化合物となり、野菜に効かなくなってしまいます。肥料を施しても、土壌に固定されたリン酸は野菜に吸収されず、欠乏症になります。土壌中に吸収されやすい水溶性のリン酸が存在していても、根圏が小さい場合は吸収量が少なくなります。**ホウレンソウは酸性土壌に最も弱い野菜のひとつであり、低pHによるリン酸欠乏が起こりやすく、葉の黄化や生育不良になりやすいといえます。**しかし、石灰などで酸性を矯正するのは土壌劣化を招くので好ましくなく、カキがらや堆肥などの有機物を施して徐々に改善しましょう。

正常な株との違い

酸性が強い畑や水はけが悪い畑で育てると、葉が黄色くなって、育ちが悪くなる。

右は正常な株、左は極端に生育の悪い株。

Q. ラッカセイを上手に育てるコツを教えてください

A. 初期の除草と、開花前と半月後の中耕・土寄せが重要です

ラッカセイ（落花生）は字の由来のように、開花した花のつけ根から「子房柄（しぼうへい）」と呼ばれるつる（雌しべの先端）が伸びて地面に入り、莢《さや》ができます。**地中にもぐって結実するので、子房柄が土中に入りやすくする中耕と土寄せが必須です。**１回目は開花が始まる前に土の表面の中耕と株元への土寄せを行います。２回目は１回目の15～20日後に、子房柄がたくさん土にもぐり始めたころに株の上から土寄せを行います。なお、**マメ科であるラッカセイは、タネまき後の鳥害対策も必須で、**１ヵ所に２粒ずつまき、３㎝ほど覆土し、しっかりと鎮圧をして不織布等で被覆をします。また、ラッカセイは初期生育が遅いので、本葉が４～５枚になるまでは**こまめな除草をしないと、草に負けてしまいます。**

ラッカセイの栽培のコツ

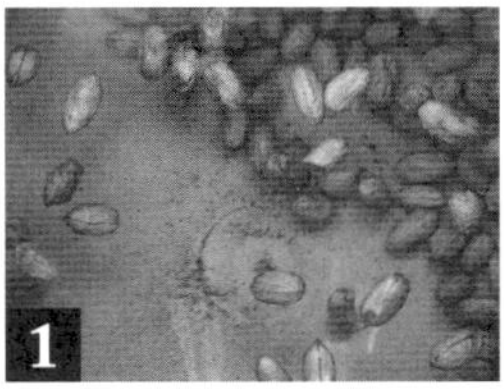

1 種殻から取り出し、一昼夜水に浸し、十分に吸水させる。

2 鳥害にそなえ、本葉が出そろうまではネットや不織布で保護する。

3 本葉が出そろい間引きしたら、2週に1度、株元を軽く耕し、土寄せする。

4 花が咲いて、子房柄が地中にもぐる。

Q. ラディッシュを上手に育てるコツを教えてください

A. 肥料は発芽してから条溝に、収穫は柔らかいうちに早めにします

ラディッシュはハツカダイコンとも呼ばれ、生育適期ならば20～30日くらいで収穫できる極早生なダイコンです。

生育期間が短く初心者向けの作りやすい野菜で、一年中栽培可能ですが、冷涼な気候が好きなので、春と秋に作るのがおすすめです。

肥料が株の下に入ると発根が阻害され、根に障害が出ることがあるので、畝《うね》全体への施肥は避け、発芽後本葉が1枚ほど出た時期に、条間に溝を作り施します。コカブと同じく友育ちさせ、順次間引いて適切な間隔を保ちます。土寄せも大切です。若いほうが軟らかくおいしいので、地際の根の直径が2cm程度になったものから順次収穫をします。

間引きと土寄せ

発芽がそろい、本葉2枚のころ、2cm間隔に間引く。

間引き後、株元に土寄せする。

本葉が3～4枚のころ、株間3～4cmに間引き、追肥と土寄せをする。

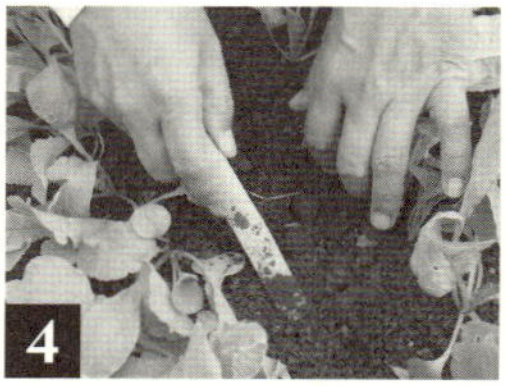

本葉4～5枚のころ、株間6～7cmに間引き、追肥と土寄せをする。

Q. 玉レタスが結球しません。なぜでしょうか？

A. チッソ過多による外葉の異常、養分不足による内葉の阻害が原因です

レタスの結球はまず外葉が立ち上がり、次に内部の若い葉の先端が内側に巻き込み、互いに抱き合う形で巻いていき、内部の葉の発達とともに充実した球になります。そのためには、葉が立ち上がるくらいに葉の枚数が増えること、葉の形が巻きやすいように葉幅が葉長よりも長い丸い形になること、葉の基部が重なり合うくらいな大きな葉になる必要があります。弱日照や高夜温の下では葉形が縦長になり結球が遅れます。チッソ過多の場合は外葉数がいちじるしく増加して内部の葉が少なくなり、立ち上がりが抑制されます。逆に、養分不足は葉の成長が阻害されるので、結球の準備が整いません。**タネまき後45日後ぐらいに結球し始めますが、気候や土壌、栄養条件が適切でないと結球が不十分になります。**

収穫

1

結球後、手で触っていくらか硬く感じられるころが、収穫の目安。

2

結球すると耐寒性が弱まるので、霜が降りる前に収穫。切り口から出る白い液はふき取る。

追肥

植えつけ2～3週間後に、株の周囲にニーム油かすなどを追肥するとよい。

Q. ワケギの種球《たねきゅう》の植え方を教えてください

A. 種球の上部が少し土より出る程度に差し込んで植えます

ワケギはタネができないので、種球（葉鞘部が肥大した鱗茎）から芽を出させて育てます。種球は複数が薄い外皮で包まれ、盤茎（根が出る部分）でくっついた状態なので、手でもんで外皮を取り除きながら分割し、植える種球を準備します。**外皮がついたままでは発根が遅れます。**小さい種球は2～3個ずつ結合させ、大きい種球は1個ずつに分けますが、盤茎（発根部）が平等に着くように分割します。栽植密度は条間を60㎝、株間20～25㎝とし、種球の先端が少し土より出るようにします。植えつけ後はたっぷり水をやり、敷き藁《わら》をして土壌からの蒸発を抑えます。敷き藁は芽が藁の上に出てきたら取り除きます。**土壌が乾燥すると生育が悪くなり、株分かれが少なくなり収量が減るので、適宜灌水します。**

植えつけと土寄せ

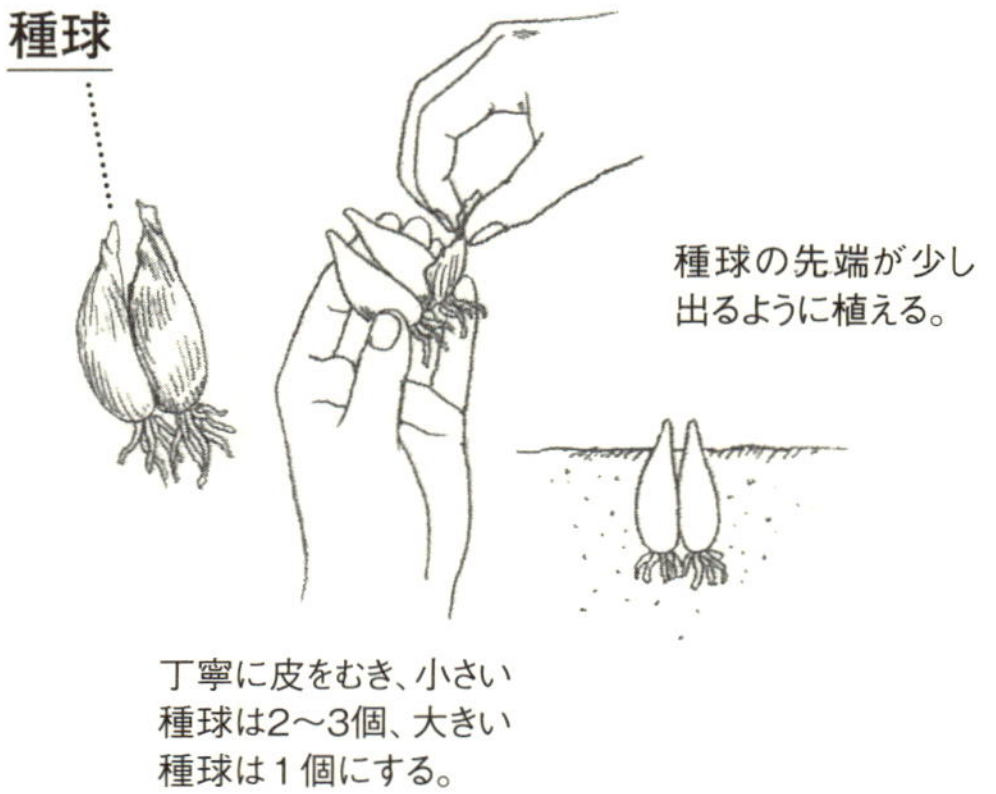

種球の先端が少し出るように植える。

丁寧に皮をむき、小さい種球は2～3個、大きい種球は１個にする。

Chapter 4

有機無農薬栽培で、安全安心な野菜を育てたい

有機無農薬栽培や減農薬栽培は、
コストにこだわる必要がなく、細かい管理の
しやすい家庭菜園が向いています。
安全で安心な野菜を目指しましょう。

Q.「有機無農薬野菜」とはどういう意味なのですか？

A. 有機質肥料を使い、農薬を使わないで育てた野菜を指します

かつて消費者の健康志向の高まりから、「有機野菜、無農薬野菜、オーガニック野菜、有機農産物」などといった言葉が、野菜の付加価値を高めるために使われていた時代がありましたが、現在は法律によって第三者機関が認証を行い、認証されたものに、「有機」や「オーガニック」などの表記が認められています。

この法律がＪＡＳ法（農林物資の規格化及び品質表示の適正化に関する法律）で、「科学的に合成された肥料および農薬の使用を避けることを基本」とするなどの規定があります。

しかし、ＪＡＳ法は、「商品としての農産物規格」の話であり、生物由来の農薬なら使用できるものがあるなど、「指定された資材以外は使わない」という規定です。

家庭菜園や自給目的の野菜には表示の必要がないので、拘束力はありません。

実際には、「有機無農薬野菜」といっても、栽培実践者の考え方や生き方、生活信条などにより、さまざまな育て方が行われています。

栽培の方法

有機無農薬栽培

・農薬を使わない　・化学肥料を使わない
※しっかりとした土作りが必要であるため時間がかかります。完璧を求めず、徐々に目指しましょう。

無農薬栽培

・農薬を使わない
・化学肥料は適度に使う
※品種や栽培方法により病害虫の防除を行う。負担が少し軽減する。

減農薬減化学肥料栽培

・農薬の使用を現状から減らす
・化学肥料の使用を現状から減らす。※少しずつ農薬や化学肥料を減らす。現状を見ながら行う現実的な方法

Q. 有機無農薬野菜と市販の野菜はどこが違うのですか？

A. 市販の野菜は、化学合成された農薬や肥料を使うことが多いです

市販の野菜は、一定の商品基準を確保するために化学合成された農薬を使用します。病害虫の被害が外見上ほとんど確認できないレベルを目指すためです。

そのため、見た目はとてもきれいで大きさもそろっています。また、大きさなどが基準どおりでないと卸売市場の納品はむずかしくなります。

一方、農薬を使わない育て方は、防虫ネットで被覆し害虫の飛来をおさえる、天敵を利用して害虫の密度を減らす、害虫を手で取り捕殺する、病気に強い品種を栽培するなど、栽培法で病害虫を防ぐ緩やかな対処方法です。**ただしこの方法だと、多少の虫の食害や病害の痕は残ります。**どの程度まで許容できるかは個人により異なるので、主に直売や産直など、地産地消といわれる相互に意思疎通が可能な顔の見える場所で販売されています。

有機無農薬栽培のポイント

- 適地適作をまず考える
- 栽培作物に合った環境にする
- 化学農薬は使用しない
- 化学肥料は使用しない
- 主に植物性の堆肥により土作りを行う
- 適度な多品目栽培をする
- コンパニオンプランツを組み合わせる
- 緑肥など野菜以外の植物を育てる
- 病害虫の早期発見、早期防除
- 天敵を大切にする

Q. 有機無農薬野菜の栽培を成功させるコツはありますか？

A. 自然の生態系を畑に再現します

有機無農薬野菜の栽培とは、慣行栽培の資材から農薬を取り除き、化学肥料を有機質肥料に置き換えることではありません。

多様な植物、小動物、微生物などが共存する環境を維持し、その中で生まれる生態系の営みによって成される物質（栄養分）やエネルギーの自然の循環を生かすところに、大きな特徴があります。一時的な収穫をするために自然の資源を奪う農業ではなく、自然の生態系の営みのなかで野菜を育て、野菜栽培が資源循環の一部となるような方法が、有機無農薬野菜の栽培です。自然の営みはそもそも有機無農薬の環境であり、自然（特に土壌）は作物を、特別なことをしなくても育てる力があります。

野山の落ち葉を堆肥にするなど、里山は野菜作りに欠かせない。有益な微生物の宝庫でもある。

有機無農薬栽培には、カエルやハチなどの天敵の存在が大切。

Q. 有機無農薬栽培の具体的な方法はありますか？

A. キーワードは3つ。「自然循環」「生物多様性」「無化学農薬・無化学肥料」です

有機無農薬栽培への転換は、慣行農法（現代日本の一般的な農業）から化学農薬や化学肥料を除くだけではうまくいきません。

有機栽培をするには、「自然循環（地表に落ちた葉や枝が土壌の生物によって分解される）」、「生物多様性（多くの生き物や多種類の植物の共存）」、「無化学農薬・無化学肥料（化学合成されたものは使用しない）」など、「森林の生態系」に近づけることです。そのためには、①堆肥を施す、②緑肥を活用する、③間作、混作、輪作をする、④深く耕さない（ダイコンやニンジンなどの根菜は除く）、⑤肥料は少なめにするなど、土作りと多様性を重視した農法を行います。

最近は忌避剤や有機肥料などの資材や農具が開発され、有機農業の研究が進んでいます。多方面の情報を参考にしながら、栽培環境や自分の考えに沿った方法を取り入れましょう。

森林の生態系に学ぶ、具体的な有機栽培の方法

森林の生態系	有機栽培
地表は有機物で覆われている	堆肥を施す。緑肥作物を活用する。敷き藁や敷き草などで覆う。
多くの生物が共存	生きものをむやみに殺さない（無化学農薬）。忌避剤などの活用
多種類の植物の生育	間作、混作、輪作を行う。緑肥作物を活用する
耕されることはない	深く耕さない
施肥されることはない	肥料は少なめにする

Q. 有機無農薬野菜の栽培に向いているのはどんな野菜ですか？

A. 季節に合った野菜を選んで栽培することが大切です

春に作り始める野菜は梅雨前に収穫が終わる、栽培期間の短い野菜が向いています。コマツナ、カブ、ホウレンソウ、キャベツ、ブロッコリー、ダイコン、ニンジンなどです。夏から秋にかけて作る野菜は、梅雨期・夏期の暑さに負けない野菜が向いています。ナス、ピーマン、トウガラシ類、トマト、ゴーヤー、カボチャ、スイカ、モロヘイヤ、ツルムラサキ、ヒユナ、カイランなどです。晩夏から秋に作り始める野菜は、寒さに強いキャベツ、ブロッコリー、ハクサイ、レタス、ニンジン、秋に入ってからはコマツナ、ホウレンソウ、シュンギク、ダイコンなどがあります。ほぼ一年かけて作る野菜でおすすめなのは、サツマイモ、サトイモ、長ネギなどです。

いずれの野菜も品種によって有機栽培に向くものと向かないものがあり、新品種より古くから作られている品種が向いています。F1品種の古いものや固定種がよいでしょう。とはいえ、それらならば何でもよいわけではなく、特定の気候や土壌の条件下でのみ特性を発揮するものもあるので、タネ袋などの説明をよく読んで見極めます。

病気に弱い野菜は、耐病性品種を選ぶと栽培しやすくなります。「耐病性」とは、病原菌の密度が低ければ病気にかかりにくく、感染しても発病が遅かったり、発病しても症状が軽かったりする性質のことで、必ずしも病気にかからないという意味ではありません。また、「トマト葉かび病抵抗性遺伝子」などと表記されるように、特定の病原菌に対する抵抗性であり、病原菌すべてに抵抗性を示すものではありません。

有機無農薬栽培に向いている主な野菜

春に作り始めるなら

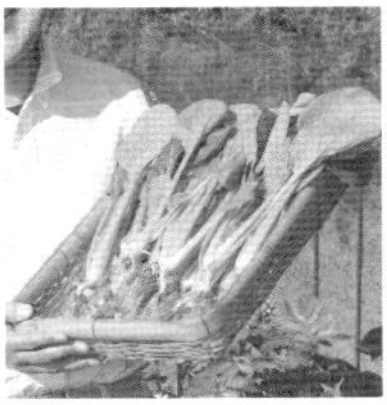
コマツナ

カブ

ミニニンジン

ダイコン

夏から秋に作り始めるなら

トマト

ツルムラサキ

ナス

ミニピーマン

晩夏から秋に作り始めるなら

キャベツ

茎ブロッコリー

ミニハクサイ

玉レタス

秋に入ってから作り始めるなら

シュンギク

ホウレンソウ

一年かけて作るなら

サツマイモ

長ネギ

Q. 有機無農薬野菜に向く肥料や堆肥はありますか？

A. 「ぼかし肥料」と「植物由来の堆肥」がおすすめです

有機質肥料には数多くの種類があります。しかし、**来歴がはっきりして、形状や状態が安定しているものを使いましょう。**この2点をふまえると、市販の有機質肥料ではある程度限定されます。

動物質肥料の素材には、魚かす、骨粉、食肉加工から出る肉かす、コウモリのふんが堆積し化石化したバットグアノなどがあります。植物質肥料の素材には、玄米を精米するときに出る米ぬか、大豆、菜種、綿実などから油脂を分離した残りである油かす類、草や木を燃焼させた後の灰である草木灰肥料などがあります。

有機質肥料は化学肥料に比べ、肥効がゆっくりで長続きする利点がある反面、チッソ、リン酸、カリのバランスが悪いとか、分解の途中で熱やガスが発生して発芽障害や根傷みを起こすなどの心配があります。そこで、**数種類の有機質肥料をバランスよく配合して発酵させた「ぼかし肥料」が、使いやすい有機質肥料としておすすめです。**

堆肥もさまざまなものがあります。牛ふん、豚ふん、鶏ふんなどの家畜ふん堆肥や、樹皮のバーク堆肥、落ち葉の落ち葉堆肥、さらに剪定くずや生ごみ、食品かすなどを原料としたものもあります。

有機栽培での堆肥の施用は、里山のような林地の土壌に習うことを目的としています。そのためには、微生物などの土壌生物が多様化し、落ち葉堆肥などの有機物が分解されて野菜の栄養分に循環することが大切です。**植物に必要な栄養分は植物がもっていると考えると、原料が植物中心の堆肥がふさわしいといえます。**

便利な用土や有機肥料

培養土など

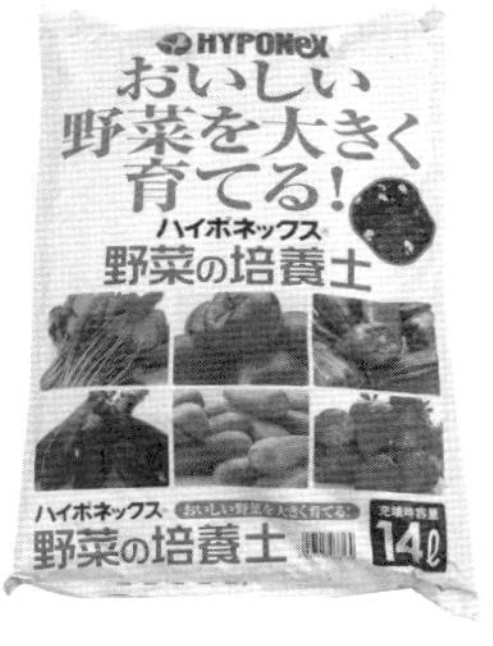

野菜の培養土

コンテナ栽培では、有機原料を主体にした培養土を使用したい。安すぎる培養土は注意する。

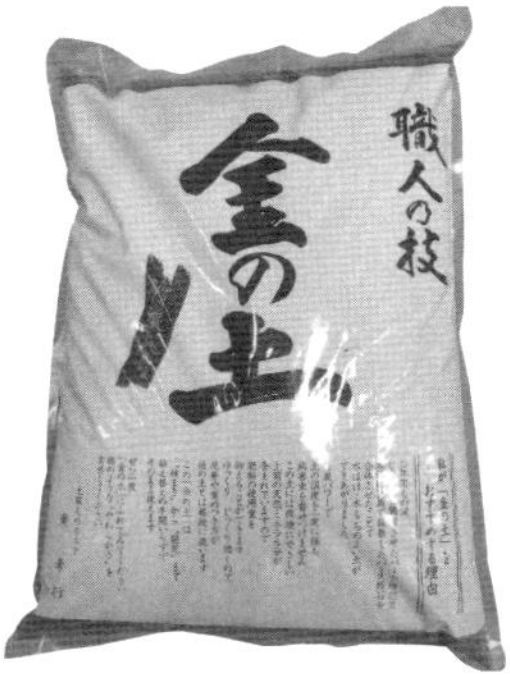

金の土

原料に有機資材だけを使ったコンテナ用の培養土で、メンテナンスをすることで繰り返し使うことができる。

バーク堆肥

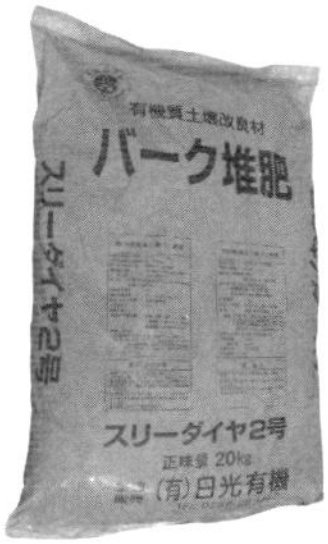

バーク堆肥

樹木の皮(バーク)を主原料として発酵させた土壌改良材。完熟したものを使用する。

固形肥料など

プレミアムバイオエース

土壌改良効果の高い微生物肥料。土に混ぜ込むと土壌が活性化する。

銀の有機

有機質原料を発酵させたぼかし肥料。チッソの配合比が高く、初期生育に肥料が必要な葉菜などに向く。

金の有機

有機質原料を発酵させたぼかし肥料。チッソの配合比が低くめで、徐々に肥効を効かせたい果菜などに向く。

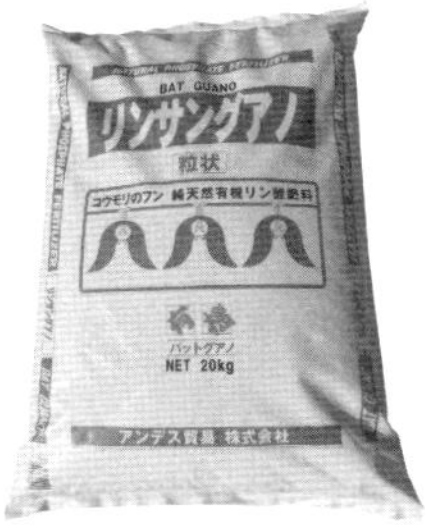

リンサングアノ(有機バットグアノ)

草木灰肥料

液肥など

ネイチャーエイド

トウモロコシが原料の液肥。アミノ酸が豊富で、土壌灌注にも葉面散布にも使える。水で100～300倍に希釈して使用する。

Q. 有機栽培は、農薬と併用できますか？注意点も教えてください

A. 化学合成した農薬以外の農薬なら、可能性があります

化学合成農薬との併用はできませんが、微生物農薬といわれるものとの併用は可能でしょう。現在、枯草菌の一種である細菌の出すタンパク毒素を使うBT剤、害虫の中で増殖する細菌が入り込むことで雑草の導管を目詰まりさせ枯死させるものなど、さまざまなものが開発されています。また、これからもさらに多くの微生物農薬が開発されるでしょう。

しかし、**害虫とそうでない昆虫、雑草と緑肥作物の区別は必ずしも一面的ではないので、微生物農薬といっても、それを使い続けたり、大量に使って効果を求めることは、長期的に見れば、有機無農薬野菜の栽培にとっては不利益につながると考えたほうがよいと思います。**

生物農薬の例

	原体	剤名	対象病害虫
殺虫剤	ウイルス	ハスモンヨトウ核多角体ウィルス剤	ハスモンヨトウ
	糸状菌	バーティシリウム レカニ剤	コナジラミ類・アザミウマ類
	天敵	ショクガタマバエ剤	アブラムシ
	天敵（線虫）	スタイナーネマ カーポカプサエ剤	ハスモンヨトウなど
	バクテリア	BT	チョウ、ガの仲間
殺線虫剤	バクテリア	パスツーリア ペネトランス剤	センチュウ
殺菌剤	ウイルス	ズッキーニ黄斑モザイクウイルス弱毒株	キュウリの病気
	糸状菌	コニオチリウム ミニタンス剤	キャベツやネギなどの病気
	バクテリア	シュードモナス フルオレッセンス剤	ハクサイ、キャベツ、ブロッコリーなどの病気

Q. 市民農園の隣の区画で、農薬を使っています。影響はありますか？

A. 影響があるので、対策を立てましょう

市民農園などの隣地で農薬を使用した場合、農薬は飛散してきます。本来農薬の使用は野菜の種類や栽培方法ごとに、対象とする病害虫、農薬の濃度、散布位置や方法、使用回数、散布から収穫までの日数などが細かく決められています。市民菜園や家庭菜園で多品目を少量ずつ栽培している場合、これらを遵守して散布することは至難の業《わざ》です。隣地からの農薬の飛散が心配される場合は、対策が必要です。収穫中や間もなく収穫する場合は十分に注意をしましょう。

食用ということ以外でも、天敵や土壌微生物等への影響を考えると、有機無農薬で育てている野菜に対する農薬の意図しないばく露（さらされること）は、防ぎたいものです。

対処としては、隣地との境に草丈のある緑肥作物を2～3条の幅で条まきにすると、多少は防ぐことができます。ムギ類などは日陰を作るほどでもないので適当です。あくまでも食用ではない緑肥として栽培します。

また、**農薬散布の日時を事前に知ることができるならば、そのときだけビニールなどのフィルムでトンネル掛けしておくと、ばく露を防ぐことができます。**

ムギのスクリーン

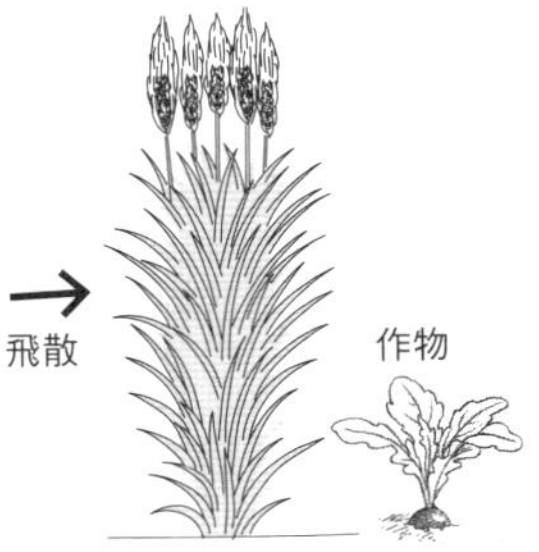

農薬の使用が分かっていれば、隣地との境に緑肥のムギなどを植え、ばく露を緩和する。

Q. 無農薬で育てるにはどうしたらよいですか？

A. 複合的に対処することで、無農薬栽培は実現できます

無農薬栽培は自分に合った方法を行う

プロの農家は野菜を商品として栽培するため、無農薬栽培には高いハードルがありますが、自家消費が前提の家庭菜園では無農薬栽培が可能です。ただし、作物の品質を保ちつつ無農薬栽培をするためには、さまざまな作業が必要ですが、すべてを行う必要はありません。許される環境や時間の中で、神経質になりすぎず、無理のない範囲で楽しんで作業しましょう。

無農薬栽培の実現には、次の方法があります。

◇作物を健全に育てる
◇捕殺など直接対処をする
◇コンパニオンプランツの利用
◇天敵を保護する
◇生態系を作りあげる
◇資材などを利用する

◇作物を健全に育てる

作物に適した環境で、適期に栽培すれば、作物は健全に育ち病気になることはあまりありません。害虫は飛来するので完全に防ぐことはできませんが、生態系が確立し、緑肥のスクリーンなど環境が整っていれば、大量発生することが防げます。

◇捕殺など直接対処をする

まずはできるだけ畑を見回り、**病害虫の早期発見、早期対処が基本です。病害虫を発見したら、すぐにその部**

分を取り去ることで、ほとんどの場合が致命傷にならずに済みます。ネキリムシなどの害虫に根を食いちぎられた場合は致命的ですが、**被害株を早期に発見しその害虫を探し出し捕殺すれば、被害はその1株で食い止められます。**

病気の多くは葉の裏や地際から発生するので、それらの部位を中心にチェックし、葉の病害を発見した場合は、その葉を取り去る、あるいは病害部分を取り去ることで対応します。早期に対処すれば致命的な被害は免れるでしょう。地際で発生した病気は致命的なので、その株を引き抜き、周辺の土も取り去ることで他への感染を防ぎます。

通常、害虫や病原菌が一瞬のうちに蔓延することはないので、地際から倒れている、葉が黄色くなっている、葉に小さな穴（食害痕）があいているなど、通常とは異なる状態に注目し、早期発見に努めます。

◇コンパニオンプランツの利用

コンパニオンプランツを積極的に利用します。コンパニオンプランツとは、近くで生息する植物同士がお互いの生育に対してよい影響を与える植物を指しますが、**野菜栽培では、病害虫の抑制や養分の改善に効果があるものが知られています。**

例えば、キュウリと長ネギの組み合わせがあります。長ネギの根には病原菌を防ぐ拮抗菌が繁殖して、この菌がキュウリの病原菌の活動を抑制します。特にキュウリのつる割れ病に効果があります。トマトとニラの組み合わせでは、ニラの根に繁殖する拮抗菌がトマトの土壌病害である萎凋《いちょう》病の病原菌を抑制します。これらの場合、お互いの根が接触していないと効果がないので、互いの根が絡み合うように混植します。

また、**植物のアレロパシー（他感作用）が利用できます。**アレロパシーとは、「植物が放出する化学物質が他の植物、動物、微生物に阻害的、あるいは促進的に何らかの作用を及ぼす現象」のことで、「他感作用」と訳されています。セイタカアワダチソウが荒れ地で群生しているのは、セイタカアワダチソウのアレロパシーによって他の植物が生息できないためです。この現象を野菜栽培にも利用します。ダイコンの前作にマリーゴールドを栽培すると、土中のキタネグサレセンチュウの増加を防ぐことができます。大きな花が咲くアフリカン種では「アフリカントール」、小さな花がたくさん咲くフレンチ種では「グランドコントロール」、花が咲かないものでは「エバーグリーン」などの品種がより効果的です。

◇天敵を保護する

土着天敵を利用する方法もあります。アブラムシは野菜の害虫で、ナナホシテントウはそれを食べる天敵です。アブラムシがあまり増えないようにするには、ナナホシテントウが増えることが必要ですが、天敵はエサとなる害虫がいなければ生きていけませんし増殖もしません。また、ナナホシテントウも鳥や他の昆虫に食べられてしまいます。自然界では両者のバランスがうまくとれていて、ある種類の虫だけが大量に増殖することは稀です。

野菜栽培で天敵を利用しようとすると、害虫の発生に備えて天敵を温存しておく必要があります。そこで、菜園の周囲にイネ科の緑肥作物、ソルゴーを栽培し、天敵をそこで育てる方法があり、ナスの栽培では有機農業以外でも実用化されています。ソルゴーにアザミウマ類やアブラムシ類が発生すると、その天敵であるヒメハナカメムシ類が増殖します。ソルゴーにつくアブラムシ類はナスにはつきません。ナスにつくアブラムシ類は天敵が食べます。**これらの天敵を貯める作物を「バンカープランツ」と呼びます。**

バンカープランツとなる作物は、野菜と共通の害虫がいないことが重要で、作物の科が異なると同じアブラムシ類でも寄生する種類が異なるので、野菜には少ないイネ科の作物がよく利用されます。なお、この場合のソルゴーはアザミウマ類の飛来をトラップする障壁にもなるので、ナスへの飛来を少なくすることにもつながります。

これと似た方法に「インセクタリープランツ（天敵涵養《かんよう》植物）」があります。これは野菜の害虫の天敵を呼び寄せ、育て、維持する方法です。例えば、天敵ヒメハナカメムシがエサである野菜の害虫アザミウマを食べ尽くすと、増殖ができずに数が減り、そうなると今度はアザミウマが増殖して野菜の被害が増えます。そこで、アザミウマがヒメハナカメムシに食べられた後に、ヒメハナカメムシのエサになるのが、オクラの葉や茎にできる「真珠体」と呼ばれる、きらきら光った真珠のような物質です。オクラを栽培することで、ヒメハナカメムシはこの真珠体をエサに生息と増殖ができ、アザミウマの天敵としての効果を長もちさせます。

◇生態系を作りあげる

無農薬で栽培しようとすると、ひとつの畑でひとつの種類の野菜だけを作るといった、モノカルチャー的な栽培は避けなければなりません。**多様な動物、植物、微生物が共存する自然界に倣った生態系を、畑の中に安定的に作ることが前提になります。**完全に安定した生態になるには時間が掛かりますが、それを目指した作づけが繰り返されることが重要です。

◇資材などを利用する

生態系が安定化するまでは、ある程度病害虫が発生します。そこで効果的な病害虫対策としては、耐病性品種や抵抗性品種の利用、接木苗の利用、トンネルがけなどの被覆資材を利用して、物理的に野菜を害虫から隔離する方法などがあります。

さらに、天敵や環境への影響ができるだけ出ないように考慮しながら、防除資材を利用します。化学農薬ではない微生物農薬や、特定農薬として指定されている食酢や重曹などの安全性が高いもの、経験的に効果が認められているニーム資材などの植物からの抽出液などがあります。

苗・タネ・資材などが購入できるところ

※2018年6月末現在

日光種苗
栃木県宇都宮市平出工業団地33番地
TEL 028-662-1313
http://www.nikkoseed.co.jp/
※ネット通販あり

野原種苗
埼玉県久喜市野久喜1-1
TEL 0480-21-0002
http://www.nohara-seed.co.jp/
※ネット通販あり

サカタのタネ ガーデンセンター横浜
神奈川県横浜市神奈川区桐畑2
TEL 045-321-3744
https://www.sakataseed.co.jp/
※ネット通販あり

サントリーフラワーズ
東京都港区芝4-17-5 相鉄田町ビル4階
お客様センター TEL 0570-550-087
https://www.suntory.co.jp/flower/

太田種苗
滋賀県近江八幡市十王町336
TEL 0748-34-8075
http://www.otaseed.co.jp/
※ネット通販あり

タキイ種苗　通信販売係
京都市下京区梅小路通猪熊東入南夷町180
TEL 075-365-0123
https://shop.takii.co.jp/
※ネット通販あり

カネア
香川県高松市東植田町409-1
TEL 087-849-1192
http://kanea.jp/
※ネット通販あり

オーエム科学
大阪府阪南市自然田706-3
TEL 072-472-7017
http://om-science.blogspot.com/

【著者紹介】

佐倉朗夫（さくら　あきお）

明治大学黒川農場特任教授

1951年、神奈川県生まれ。東京教育大学農学部卒業後、神奈川県農業総合研究所で環境保全型農業の研究、その後、民間企業で有機農業の研究、生産、販売に携わる。著書に『有機・無農薬栽培で安全安心な野菜づくり』（講談社）、『家庭菜園やさしい有機栽培入門』（NHK出版）ほか多数。

デザイン　志野原遥、小林愛子（以上、monostore）
写真　谷山真一郎
イラスト　角 慎作、梶原由加利
写真提供　佐倉朗夫
協力　明治大学黒川農場

野《や》菜《さい》作《づく》り「コツ」の科学《かがく》

「なぜ」がわかると「結果《けっか》」が出《だ》せる

2018年7月26日　　第1刷発行

著　者　佐倉朗夫《さくらあきお》
発行者　渡瀬昌彦
発行所　株式会社 講談社
〒112-8001　東京都文京区音羽2-12-21
電話　03-5395-3606（販売）　03-5395-3615（業務）
編　集　株式会社講談社エディトリアル
代表　堺 公江
〒112-0013　東京都文京区音羽1-17-18 護国寺SIAビル6F
電話　03-5319-2171（編集部）
印刷所　大日本印刷株式会社
製本所　株式会社国宝社

N.D.C.626.9　175p　21cm　©Akio Sakura, 2018 Printed in Japan
ISBN978-4-06-220932-8